Hermann Multhaupt

Ein Wanderleben war es immer gewesen...

Annette von Droste-Hülshoff und ihr Freund Heinrich Straube

Eine historische Erzählung

Buchbestellungen an:

Verlag Walter Leimeier

Haslei 65

59558 Lippstadt

Tel.: 02941-18803

Email: wleimeier@unitybox.de

Internet: verlag-leimeier.de

Titelbild: Annette von Droste-Hülshoff, Gemälde von Johann Sprick (1838)

(H. Multhaupt / Dr. W. Leimeier) ISBN 978-3-949718-46-5

Ein Wanderleben war es immer gewesen...

Annette von Droste-Hülshoff und ihr Freund Heinrich Straube

1818: Der Schriftsteller Heinrich Straube saß schon eine Weile vor einem Stapel bedruckten Papiers und einigen unbeschriebenen Blättern und kaute an seinem Federhalter. Wie sollte aus diesem Wust an Aufsätzen, Gedichten, Erzählungen und Sagen eine neue Ausgabe der „Wünschelruthe" zusammenstellen? Einige angeschriebene Autoren, von denen er interessante Beiträge erwartet hatte, hatten ihn schmählich auf dem Trockenen sitzen lassen, zugesagte Arbeiten nicht abgeliefert oder waren einer Einladung zur Mitarbeit nicht gefolgt.

Der Verlag Vandenhoeck & Ruprecht in Göttingen wartete auf die Manuskripte für das von der „Poetischen Schusterinnung an der Leine" herausgegebene „Zeitblatt" der Spätromantik und drängte, weil er sonst der Herstellung anderer Publikationen den Vorzug geben müsse. Ein lohnendes Geschäft war die „Wünschelruthe" von ihrer ersten Ausgabe an ohnehin nicht gewesen, weder für den Verlag noch für die Redaktion, und ihr Ende war vorhersehbar, falls nicht ein Wunder geschah. Der Kundenstamm hielt sich in Grenzen, obgleich Straube auf bekannte Namen wie Clemens Brentano, Ernst Moritz Arndt und Achim von Arnim zurückgreifen konnte.

„Wir müssten Goethe ins Boot holen", meinte das zweite Redaktionsmitglied Johann Peter von Hornthal, Sohn des Bürgermeisters von Bamberg. „Der große Meister könnte dem Blatt nochmal Auftrieb geben."

Straube schüttelte den Kopf. „Der hat genug Probleme mit seinen ‚Xenien', die er mit Schiller angeleiert hat. Solche literaturtheoretischen Blätter sind nur etwas für speziell Interessierte und nichts fürs breite Publikum, das wir anstreben."

„Es war ja auch nie unsere Absicht, den ganzen Literaturbetrieb von heute aufs Korn zu nehmen", sagte von Hornthal darauf. „Wer sich mit Dichtergrößen anlegt, wird gewiss den Kürzeren ziehen."

Straube hatte sich am Vortag noch einmal die Lektüre „Geschichte eines Algerier-Sklaven" seines Kommilitonen und Gönners August von Haxthausen vorgenommen, die derzeit in der „Wünschelruthe" in der ersten Jahreshälfte 1818 in Fortsetzung erschien, doch ob sie den Untergang der Zeitschrift aufhalten konnte, stand in den Sternen. In der Tat eine spannende Mordgeschichte, die auf Tatsachen beruhte und sich in der Heimat des Freiherrn zugetragen hatte. Ihr lag ein Prozess zugrunde, den ein Vorfahre derer von Haxthausen als fürstbischöflich-paderbornischer Drost im Amt Lichtenau und Vorsitzender eines Patrimonialgerichtes gegen einen seiner Dorfbewohner hatte führen müssen und der in eine Mordtat mit Flucht verwickelt war. Was diesem unglücklichen Menschen im Laufe seines verworrenen Lebens geschehen war, hatte August von Haxthausen anhand der Prozessunterlagen akribisch zurückverfolgt und aufgeschrieben.

August von Haxthausen im Harnisch mit Malteserkreuz. Gemälde von Hugo Denz (1860)

Wenn die säumigen freien Mitarbeiter ähnlich imponierende Geschichten aufgetischt hätten, müsste er für den Fortbestand der Zeitschrift jetzt vielleicht nicht schwarzsehen. Ein Dilemma war: Warum hatte sich die „Schusterinnung" für eine zweimal wöchentlich erscheinende Ausgabe der „Wünschelruthe'" entschieden? Das war eine zu kurze Folge. Hätte es eine einmalige Herausgabe pro Woche nicht auch getan? In der ersten Begeisterung hatten zeitgenössische Dichter wie Julius Kerner, Martin Opitz, Gustav Schwab und Ludwig Uhland ihre Mitarbeit zugesagt, auch den einen oder anderen Beitrag geliefert, aber dann war die Begeisterung erloschen wie eine niedergebrannte Kerze. Was Straube jetzt vor sich liegen sah, war unveräußerliche Ware dritter, vierter Klasse. Lieder, Gedichte und Erzählungen, die die Poeten in anderen Intelligenzblättern und Annalen nicht unterbringen konnten.

Auf einen hätte sich Heinrich Straube gern verlassen, wenn er sich als Göttinger Student der Rechte hier nicht unmöglich gemacht hätte: Auf seinen Freund Heinrich Heine. Hatte er doch die Verwegenheit besessen, über die Stadt an der Leine zu schreiben: „Die Stadt selbst ist schön, und gefällt einem am besten, wenn man sie mit dem Rücken ansieht. Sie muss schon sehr lange stehen; denn ich erinnere mich, als ich vor fünf Jahren dort immatrikuliert und bald darauf konsiliiert wurde, hatte sie schon dasselbe graue, altkluge Ansehen, und war schon vollständig eingerichtet mit Schnurren, Pudeln, Dissertationen, Teedansants, Kompendien, Taubenbraten, Guelfenorden, Promotionskutschen, Pfeifenköpfen, Hofräten, Justizräten, Relegationsräten, Profaxen und anderen Faxen. Einige behaupten sogar, die Stadt sei zur Zeit der Völkerwanderung erbaut worden, jeder deutsche Stamm habe damals ein ungebundenes Exemplar seiner Mitglieder darin zurückgelassen... Die Zahl der Göttinger Philister muss sehr groß sein, wie Sand, oder besser gesagt, wie Kot am Meer; wahrlich, wenn ich sie des Morgens mit ihren schmutzigen Gesichtern und weißen Rechnungen vor den Pforten des akademischen Gerichtes aufgepflanzt sah, so mochte ich kaum begreifen, wie Gott nur so viel Lumpenpack erschaffen konnte."

Solche Urteile liebten Stadtväter und Professoren nicht und sie haben es Heine spüren lassen...

Ein Literat lag Straube schwer im Magen: August von Arnswaldt, der sich ihm dennoch freundschaftlich verbunden fühlte... Was er schrieb und in der „Wünschelruthe" angepriesen hatte, konnte sich sehen lassen. Doch diese hochnäsigen, perfiden Bemerkungen! Musste er denn süffisant verbreiten, dass Straubes Vater, der Hof-Hospital-Vogt Bernhard Straube, 1813 Bankrott angemeldet hatte und sein Sohn zur Fortsetzung seines Studiums in Göttingen auf die freundliche Unterstützung seines Kommilitonen August von Haxthausen angewiesen war? Vater Vogt hatte Susanne Moillet geheiratet, die 30 000 Taler mit in die Ehe brachte. Hatte die Familie über ihre Verhältnisse gelebt...? Und hatte Straube nicht auch von einem Briefauszug Wilhelm Grimms an Achim von Arnim Kenntnis erhalten, in dem es hieß, Straube sei „ein kleiner grundhässlicher Kerl, der beständig lacht, dem aber jedermann gut ist? Er ist vielleicht nicht ohne Talent", hieß es weiter, „und hat etwas Eigentümliches; aber was er von sich gibt, ist noch sehr verworren, ohne Zusammenhang und Deutlichkeit; wahrscheinlich verderben Sie ihn durch zu große Bewunderung, gewiss aber richtet er durch seine Beiträge die Zeitung früher zugrunde, als es sonst auf dem natürlichen Weg geschehen wäre..."

Welche Anmaßung, welche Hochnäsigkeit! Und bald sollte wieder ein Besuch Straubes im Bökerhof, dem Wohnsitz der Familie von Haxthausen in Bökendorf, bevorstehen? „Nicht mit mir!" Straube schloss energisch die Kladde, die die übrig gebliebenen, nun mutterlosen Manuskripte enthielt. Er würde sie August vom Haxthausem zurückgeben, doch nicht in diesem dunklen Jahre 1818, vielleicht im nächsten oder erst 1820.

„Vergiss nicht, dass bei allem Hickhack, dem du ausgesetzt bist, in Bökendorf echte Freunde auf dich warten", bestätige Johann Peter von Hornthal. Seine Augen wanderten zu Heinrich Straube auf der anderen Seite des Schreibtisches hinüber und erforschten in dessen Gesicht die Reaktion auf seine Worte. Von Hornthal war ein stattlicher junger Mann mit offenem Blick und einem Lockenwust, dem das Talent des Dichtens mit in die Wiege gelegt worden war, der jetzt aber Schmetterlinge im Bauch verspürte, weil er unmittelbar vor der Hochzeit mit der Juristentochter Maria Anna Margaretha Pfister aus Bamberg stand. Davon zeugte auch das Gedicht, dass ihm Johann Peter gestern über den Schreibtisch geschoben hatte:

Der Becher

Es ist ein glüher Becher,
Der dort am Ende sitzt;
Nun frisch du wackrer Zecher,
Nach ihm den Mund gespitzt.

Ach könnte ich ihn fassen
Und trinken auf den Grund,
Ich wollte nichts mehr hassen,
Brächt' Alles an den Mund.

Für wen ist er geschenket
Mit süßer Wonn' so voll?
Lässt er mich ungetränket
Dass ich verglühen soll?

Zwei Tropfen auf mich gieße,
Die süßen Augen dein,
Damit ich freudig wisse
Das holde Liebchen mein.

Es schlägt mir ja im Herzen,
Schlägts mir die Wangen rot -
Ich trage gern die Schmerzen,
Weil sie die Lippen bot.

Der Becher ist ertrunken
Im Zecher der stets trinkt,
Der Mund ins Herz gesunken,
Das Herz im Munde blinkt.

Straube spürte, dass sein Freund nur körperlich anwesend war. „Na ja, du hast jetzt andere Tauben auf dem Dach, sonst würde ich dich um den Gefallen bitten, mich beim nächsten Mal in Bökendorf zu vertreten."

„Der Drost Werner Adolf von Haxthausen freut sich immer auf dich, er wünscht deine Begleitung auf der Schnepfenjagd."

Heinrich Straube

Straube seufzte. Er nahm seine schmale Nickelbrille ab und betrachtete sein Konterfei im Spiegel an der gegenüberliegenden Wand. Nein, er war wirklich ein hässlicher Krapp. Die vielfach gebrauchte Perücke saß ihm ein wenig schief über den Ohren, und statt eines sorgfältig geflochtenen Zopfes hing ein kleines Anhängsel von der Größe eines Ziegenschwanzes in seinem Nacken. Nein, mit seiner Kleidung war wirklich kein Staat zu machen. Zwei Knöpfe seiner Jacke waren ausgerissen und hingen an seidenen Fäden daneben. Die Ärmel waren abgewetzt, durch einen schaute blass das Hemd. Straube war froh, dass er die unteren Enden der nicht minder in Leidenschaft gezogenen Hose in hohen Stiefeln verbergen konnte. Auf einer der Zeichnungen, die in Bökendorf kursierten, hatte ihn Ludwig Emil Grimm, der Maler, mit einer gebogenem Langstielpfeife und länglichem Porzellankopf abgebildet.

Nein, so bettelarm, wie er hier herumlief, war Heinrich Straube nun doch nicht. Er verbrachte in Bökendorf stets „schöne, fröhliche, freie Tage".

Bis es zur Veröffentlichung der „Geschichte eines Algerier-Sklaven" in der „Wünschelruthe" gekommen war, hatten sich Autor und Redakteur manche Diskussionen geliefert. Zunächst kam es über die Authentizität des Mörders zu einem längeren Disput. August hatte den Namen verändert, um die noch lebenden Nachfahren des Ermordeten nicht zu kompromittieren, doch Straube vertrat die Ansicht, Eingeweihte könnten noch immer auf den wirklichen Namen des Toten schließen, und auch die Nachkommen des Mörders Hermann Winckelhan würden bei so geringen Namensabweichungen in der Schreibweise an den verrufenen Ahnen erinnert werden.

„Ach, Heinrich! Der Fall ist abgeschlossen, verjährt. Wer liest denn schon von den kleinen Leuten, he? Die bekommen die „Wünschelruthe" doch niemals zu Gesicht."

Straube wollte aufbegehren, als er das Wort von den ‚keinen Leuten' hörte, doch schluckte er die Antwort hinunter wie eine heiße Kartoffel. „Wie hoch ist die Auflage der „Wünschelruthe" denn derzeit, he? Hat sie drei- oder gar viertausend Leser? Hier weiß doch niemand, dass sie überhaupt existiert!"

War der Name der Zeitschrift indes noch zeitgemäß? 1687 war eine gerichtliche Untersuchung wegen Schatzgräberei mit der „virga divinatoria", der „Wünschelrute", geführt worden und noch in den 20. Jahren des 19. Jahrhunderts hatte ein Quacksalber die Bewohner einiger Corveyer Dörfer zur Schatzsuche animiert. Wie war Winckelhan in die spanische Armee gelangt? Die Stelle war undurchsichtig und nicht richtig erklärt. Und die Sache mit dem Sander, dem angeblich der Geist des Ermordeten im Wald erschienen war, was war denn davon zu halten?

„Vergiss nicht, dass mein Großvater Moritz Casimir damals Gerichtsherr war. Ihm wurde, da er schon sehr betagt war, mein Vater Werner-Adolf als Assistenz beigegeben. Was im Prozess herauskam, habe ich akribisch erforscht."

Werner von Haxthausen mit den Ordensinsignien des Souveränen Malteserordens

So hatten Haxthausen und sein Freund sich die Bälle gegenseitig zugeworfen wie die Riesen vom Wildberg. Am Ende setzte sich die Meinung des Freiherrn durch. Straube schwieg, er war von der Gunst seines Gesprächspartners abhängig.

Heinrich Straubes freundschaftliche Beziehung zur Familie von Haxthausen hatte eine Vorgeschichte. Auslöser war Werner von Haxthausen, einer der sieben Söhne des Freiherrn Werner-Adolf von Haxthausen, Herr auf Thienhausen, Bökendorf und Abbenburg.

Sohn Werner, am 19 Juli 1780 geboren, hatte in Münster, Prag und Göttingen sowie schließlich in Halle Rechtswissenschaften studiert und anschließend Medizin. Doch er interessierte sich auch für orientalische Sprachen sowie für Kunst und Literatur. 16 Sprachen soll er beherrscht haben. Die Beteiligung am „Dörnberger Aufstand" zwang Werner 1811 zur Flucht nach London, wo er als Arzt praktizierte. Anschließend nahm er an den deutschen Freiheitskämpfen gegen Napoleon teil und traf auf dem Wiener Kongress 1815 mit Jacob Grimm zusammen. Zur Zeit wirkte Werner als Regierungsrat in Köln. Mit Wilhelm Grimm teilte Werner von Haxthausen das gemeinsame Interesse an den deutschen Volksliedern, was offenbar auch zu gegenseitigen Besuchen in Kassel und Bökendorf führte.

Am 18. Juli 1811 schrieb Wilhelm Grimm an seinen Jugendfreund, den Friedensrichter Paul Wigand in Höxter: „Liegt nicht zwischen Höxter und Paderborn Bökendorf? Daselbst ist ein guter Freund und H. Bruder von mir, der Canonicus Werner von Haxthausen, den ich besuchen muss. Nach Paderborn will ich freilich ganz ordentlich hingehen, wo allerlei Raritäten stecken."

Am 12. August kündigte Wilhelm in einem in Höxter geschriebenen Brief seine Ankunft in Bökendorf an, doch war Werner nicht zu Hause. Statt ihm sollte sein Bruder

Fritz sich des Besuchers annehmen. „Sollte er nach Bökendorf kommen, so empfehle ich ihn euch herzlich. Er hat die herrlichste Sammlung alter deutscher und anderer Völker Volkslieder, Märchen, Sprüche u.s.w. Kürzlich hat er die dänischen alten Volkslieder, Kämpe Viser, eine herrliche Sammlung, ins Deutsche übersetzt und herausgegeben; aber unsere Melodien kennt er nicht, ich habe ihm einige davon vorgesungen in Kassel, und er war sehr neugierig, mehrere davon kennenzulernen. Er ist anfangs etwas verlegen, da er sehr kränklich ist und wenig von seinem Studierpulte kommt, sonst ein braver und geschickter Mann."

Bei diesem ersten Besuch in Bökendorf lernte Wilhelm Grimm Werners zwölf Jahre jüngeren Bruder August sowie Fritz von Haxthausen kennen. Außerdem liefen ihm mehrere von ihren sieben Schwestern über den Weg.

„Ich kam Sonnabend vier Uhr dort an", schrieb Wilhelm am 19. August 1811 von Höxter an seinen Bruder Jacob, „wurde sehr freundlich aufgenommen, und es ist ganz hübsch dort. Sein Bruder (gemeint ist August) gleicht ihm sehr, und ist ebenso freundlichen Angesichts, hält aber nichts auf Jean Paul. Seine Schwestern hier sind angenehm und zierlich. Abends sangen sie sämtliche Volkslieder. Das war sehr schön, ich wollt, du hättest es mithören können. Ich hab einen vergnügten Abend gehabt. Du glaubst nicht, wie herrlich weich alle diese Melodien sind... Der Bruder (Fritz) will diese Melodien herausgeben, welches was recht Gutes ist."

Ludowine, Anna, Sofie, und Ferdinande von Haxthausen, vier der sieben Schwestern im Bökerhof, unterstützten die Brüder Grimm bei ihrer Märchensammlung. Durch seine Besuche in Bökendorf lernte Wilhelm Grimm die einzelnen Familienmitglieder derer von Haxthausen genauer kennen. 1818 kam auch der Maler und Bruder Emil Ludwig zum ersten Mal mit und sollte in den Folgejahren noch öfter Gast im Bökerhof sein. Jacob Grimm schaffte es erst spät dorthin, seine Arbeiten hielten ihn von der

Reise ins Ostwestfälische ab. Als er 1847 in Bad Lippspringe zur Kur weilte, unternahm er von dort mit Dorothea und Auguste Grimm einen Abstecher zu den Stammgütern der Familie von Haxthausen. Bei gelegentlichen Gegenbesuchen in Kassel erfreute er sich seiner Gäste. Anna Elisabeth - Annette von Droste-Hülshoff - gehörte ebenfalls dazu. Emil Grimm mit seinem Blick für das Wesentliche, urteilte über die Landschaft: „Die Lage von Bökendorf ist nicht so schön wie die von der Hinnenburg, aber ich war doch gern dort. Die Schwestern von Haxthausen waren angenehm und liebenswürdig, natürlich und gebildet, und der Bruder Werner hatte schöne Gemälde und Kupferstiche und überhaupt vielerlei Altes, Interessantes gesammelt." Und noch einmal sprang Werner von Haxthausen in einem Brief vom 26. Dezember 1857 für Jacob Grimm in die Bresche, als er ihm persönliche Hilfe anbot: „Das Schicksal hat Dich, liebster Jacob, der Georgia Augusta ihren Schätzen und Deinem dortigen Tagewerk entrissen. Du weißt, welchen herzlichen Anteil wir an alle, was Dich und die Deinigen betrifft, nehmen. Du weißt, wie wir uns freuen würden, Dich wiederzusehen, wie herzlich Du willkommen wärest.! Jetzt hält Dich nichts ab! Deine Arbeiten sind unterbrochen, Du wirst sie erst wieder aufnehmen, wenn Du Dich von neuem fixiert hast. Später dürfen wir kaum hoffen, Dich bei uns zu sehen... Komm also jetzt, bleib einige Zeit bei uns, die kurzen Wintermonate wenigstens... August ist auch hier... Gib mir ein paar Zeilen Antwort, ich kann Dich, woher Du willst, abholen lassen, auch Wilhelm und seine Familie..." Dieser Einladung konnten die Brüder Grimm nicht folgen; sie hatten inzwischen eine Berufung an die Universität Berlin erhalten.

Bökendorf entwickelte sich in jener Zeit zu einem herausragenden Ort des literarischen, politischen und kulturellen Lebens. Das gemeinsame Interesse an einer Rückbesinnung auf das „Erbe der Väter", schloss die Menschen zusammen und führte zu einer Rückbesinnung auf die Naturpoesie, die das Sammeln von Märchen einschloss. Die „unschuldigen Hausmärchen", so erkannten die Brüder Grimm, „könnten der über zivilisierten eigenen Zeit Nahrung, vielleicht auch Samen für die

Zukunft" sein. Von den 70 Beiträgen des zweiten Bandes der Märchensammlung entfallen immerhin 20 auf die Familie Haxthausen, fünf steuert die Familie Droste-Hülshoff bei und 21 gehen auf Frau Viehmännin aus Niederzwehren bei Kassel zurück. Wilhelm Grimm dankt in seinem Vorwort zum zweiten Band ausdrücklich dem genannten Personenkreis.

Wilhelm Grimm (Siegmund Friedlaender)

Heinrich Straube entschloss sich 1820 zu einem längeren Besuch in Bökendorf. Diesmal konnte er die Einladung zur Schnepfenjagd nicht wieder ablehnen. Wusste der Kuckuck, weshalb Hausherr Werner-Adolf mit so großer Beharrlichkeit an ihm hing und ihn in seinem Familiengewirr nicht missen mochte. Im Stillen hoffte Straube, Annette von Droste-Hülshoff wiederzusehen, die mit ihrer Mutter und Schwester Jenny per Kutsche die Schlösser der Verwandten in der Umgebung abklapperte. Annette hatte sich bei ihm schon wiederholt über diese Pflichtbesuche beschwert. Doch es wäre unverzeihlich, auf der ostwestfälischen Rundreise ein Verwandtschafts-klientel auszulassen.

Wie abgesprochen nahm Straube die erste Postkutsche von Göttingen nach Höxter. Ab Schönhagen stieg ein Forsteleve mit Flinte zum Postillion auf den Bock, um im großen undurchschaubaren Waldgebiet des Sollings vor Räubern und Wölfen sicher zu sein. An der Weser stand meist die hochherrschaftliche Droschke der Familie Haxthausen zur Weiterfahrt bereit. Doch diesmal hatte sich der Besucher ausbedungen, den Weg zu Fuß zu gehen. Nicht allein, weil er die Wälder und Wiesen des Weserberglandes liebte, sondern weil er einen klaren Kopf bekommen wollte. Die knapp zwanzig Kilometer lange Strecke scheute er nicht. Wie die meisten seiner Landsleute war er ein guter und ausdauernder Fußgänger. Dass er erst spätabends nach einem strapazenreichen Tag am Ziel ankommen würde, wusste er. Falls die Herrschaften schon zu Bett gegangen waren, war ihm das recht. Er wünschte kein Aufhebens um sich. Doch eine der Mägde würde ihm ein Schmalzbrot geschmiert und einen kleinen Krug Most bereitgestellt haben und den Schließdienst an der Haustür übernehmen. Im Stillen hoffte er, dass die fesche Elisabeth ihn empfangen würde.

Straube stieg nach der Ankunft in Höxter den Bielenberg hinan, genoss den Blick über das weite stille Land, sprach mit einem Schafhirten, der an seinen Stock gelehnt von Ferne wie ein Bischof im schlichten Ornat aussah. Er wunderte sich, dass die Mönche von Corvey es hier einst mit dem Weinanbau versucht hatten und hatte bald das Kloster Brenkhausen vor Augen, das nach einer langen Konventsgeschichte mit Zisterzienserinnen und Benediktinerinnen 1818 an den Landgrafen Victor Amadeus von Rotenburg gefallen war, der es mit dem Fürstenhaus Corvey vereinigte. In Ovenhausen beschleunigte er den Schritt. Hier in der Hauptstraße musste er am Haus des ermordeten Schutzjuden Soistmann Berend und seiner Familie vorüber, die ihm in der „Geschichte eines Algierer-Sklaven" immer wieder begegnet war. Als er schließlich über den Höxterschen Weg auf Bökendorf hinunter schritt, durch das riesige Waldgebiet, dass ihm aus der Mordgeschichte bekannt war, war der Mond aufgegangen. Kommst zehn Minuten zu spät, dachte Straube. Hättest mir vorhin im Brederholz leuchten sollen.

Wie erwartet, war die Schlosstür nur angelehnt. In der Halle saß die Magd Elisabeth in einem Sessel; sie war eingeschlafen. Straube berührte sie sanft an der Schulter. Da schreckte sie auf.

„O, ist der hohe Herr schon eingetroffen? Ich habe ihn eher um Mitternacht erwartet."
„Ich bin kein hoher Herr", flüsterte Straube und reichte ihr die Hand. „Ich entschuldige mich, dass ich dir meinetwegen so viele Umstände gemacht habe."

„Umstände? O nein, Herr. Ich freue mich, dass der hohe Herr wieder einmal gekommen ist. Der hohe Herr ist immer so lustig."

„Der hohe Herr wird ärgerlich, wenn du ihn weiterhin so bezeichnest. Ich bin ein Mensch wie du und ich möchte nichts anders sein als du. Jetzt geh bitte zu Bett und vergiss den hohen Herrn."

„Zuerst musst der hohe..., musst du essen. Das Abendbrot steht auf dem Küchentisch."

„Danke Elisabeth. Ich komme schon zurecht. Wenn ich wieder das linke Eckzimmer unter dem Dach beziehen darf, fühle ich mich wie in Abrahams Schoß."

„Ja, es ist alles wie immer. Ich habe dir auch einen Strauß Margeriten auf den Waschtisch gestellt."

„O wie aufmerksam. Bitte, geh jetzt, du musst früh aus den Federn."

Elisabeth deutete einen Knicks an, Straube nahm einen schelmischen Augenaufschlag wahr, dann schnappte sie ihre Kerze und schlich hinaus. Der Gast sah ihr lächelnd nach.

Diese Unterhaltung gehörte zum festen Zeremoniell, das bei seinem späten Eintreffen wie ein Schauspieldialog abgespult wurde, wenn Elisabeth ihn erwartete. Sie machte sich einen Spaß daraus, ihn als „hohen Herrn" zu titulieren und Straube widersprach mit gespielter Abwehr.

Er ließ sich das Brot schmecken. Das Schmalz stammte aus der eigenen Hausschlachtung. Auf dem Weg nach Bellersen kam man an einer Schweinewiese vorbei, die zum Bökerhof gehörte. Er genoss auch den Most aus eigener Herstellung, dann stieg er leise in seine Schlafkammer hinauf. Ein Fensterflügel stand offen. Im Park hinter dem Schloss rauschten die alten Buchen und eine noch nicht müde Nachtigall sang ihr Schlaflied. Straubes Rucksack flog in eine Ecke, dann lehnte er die Arme aufs Fensterbrett und lauschte. Von 120 bis 260 Melodien haben Nachtschwärmer dieser Art im Kopf, dachte er, und erfreuen damit ihre Geliebten. Singen konnten nur die Männchen. Und sie machten davon regen Gebrauch, um einer Braut zu imponieren. Straube selbst ging nicht davon aus, dass sich jemals ein weibliches Wesen für ihn interessieren könnte. Was nutzte ein weiches Herz, aber ein hässliches Konterfei? Ein leichtes Kitzeln unter der Nase schreckte ihn auf, vor ihm stand Elisabeth. Sie hatte eine Hühnerfeder in der Hand und lächelte.

„Los, hoher Herr, der echte hohe Herr hat bereits nach dir gefragt. Er sitzt beim Frühstück und erwartet dich."

„Herrjeh, habe ich verschlafen?"

„Nach einem so langen Marsch hat dir der Schlaf sicher gutgetan. Also, bis gleich."

Die Magd verschwand, Straube sprang aus dem Bett und begann seine Morgentoilette. Er befühlte seinen Bart, nur Flaum. Er würde nie ein echter Mann werden, befürchtete er. Dann goss er Wasser in die Waschschüssel und tauchte seinen Kopf hinein. Im Rucksack befand sich ein frisches Hemd. Wenige Minuten später stieg er ins Parterre hinab. Bei jedem Schritt schallten ihm die Stimmen lauter entgegen, dazwischen Geschirrgeklapper aus der Küche. Freiherr Werner-Adolf von Haxthausen führte ein großes Haus.

Ludwig Emil Grimm (Selbstbildnis 1813)

Der Maler Ludwig Emil Grimm beschrieb ihn als „einen Mann von etlichen achtzig Jahren, dabei noch rüstig, geradeaus, auch mitunter grob; er hatte eine rechte Ritterphysiognomie, edler Kopf, mit schöner Nase". Friedrich Eduard Beneke meinte: „Der Alte ist fast achtzig Jahr, sehr lebhaft, gutmütig, eine Art altfranzösische Bildung mit niederdeutscher Einfachheit oft sehr komisch vereint, sehr redselig..."

Ein donnernder Bass fuhr Heinrich Straube entgegen: „Ah, da ist er ja, der Langschläfer!"

Der Baron erhob sich vom Frühstückstisch, warf seine Serviette neben das Kaffeegeschirr und streckte seine Pranke aus. Straube fühlte seine Rechte im Schraubstock und unterdrückte einen Schmerzenslaut.

„Willkommen, mein lieber Luftikus. Wie war die Reise, beziehungsweise der Marsch hierher?"

Straube lobte, weil es nichts zu tadeln gab. Er erzählte kurz, welche Route die Postkutsche von Göttingen genommen und wo er in Höxter die Beine in die Hand genommen hatte.

„August wird erst Mittag erwartet, er ist auf einer Auktion", wechselte der Freiherr das Thema und bot mit einer flüchtigen Handbewegung dem Besucher links von ihm am Tisch einen Platz an.

„Gertrud! Kaffee!"

Dieses Hinweises hätte es nicht bedurft, denn Gertrud stand bereits unter der Tür, in der Linken den Kaffeepott, in der Rechten Brot und Aufschnitt.

„Hau rein!", befahl Werner-Adolf, „stärk dich, denn wir haben viel vor."

In diesem Augenblick betrat der Haushofmeister den Raum.

„Mit der Schnepfenjagd wird es heute nichts werden, Euer Gnaden. Im letzten Wolkenbruch hat die Brucht das Gelände so stark überflutet, dass sich niemand in den lichten Wäldern und Feuchtwiesen aufhalten kann. Die Förster raten, unbedingt noch zwei Tage zu warten."

„Bis dahin sind die opulenten Piepmätze über alle Berge", brummte von Haxthausen. Diese Nachricht widersprach seinen Plänen, und eine kurze Zeit überlegte er, ob er nicht den Warnungen zum Trotz doch das bezeichnete Gelände betreten sollte. Aber der Haushofmeister wiederholte seinen Einwand, dem sich der Freiherr schließlich fügte.

„Setz dich in die Laube und warte auf August. Ihr werdet eine Menge zu besprechen haben", sagte er zu seinem Gast und schlug Straube kameradschaftlich so kräftig auf die Schulter, dass er einknickte.

„Aufgeschoben ist ja nicht aufgehoben", brummte er. Noch unter der Tür wandte er sich um. „Höre, mein Freund, es ist nicht unwahrscheinlich, dass auch meine Enkelinnen Jenny und Annette mit ihrer Mutter hier erscheinen, falls die Kutsche sie nicht wieder dreimal abwirft. Und August von Arnswaldt, dein Kommilitone und Studienfreund, hat sich auch angesagt. Aber mehr weiß ich nicht. Die jungen Leute haben es ja nicht mehr nötig, die Alten ins Bild zu setzen."

Von Haxthausen polterte hinaus. Bei der ersten Nachricht spürte Straube, wie sein Herz einen Luftsprung machte. Doch bei der zweiten zog es sich schmerzlich zusammen. Die zwielichtigen Spiele Augusts kannte er, und es widerstrebte ihm, ihnen wieder zum Opfer zu fallen. Annettes Mutter und ihre zahlreichen Verwandten sahen die Bekanntschaft zwischen August von Arnswaldt und Annette nicht ungern; er entstammte einem thüringischen Adelsgeschlecht und sein Vater war hannoverscher Minister. Dagegen war der nicht adelige und dazu arme Heinrich Straube für sie eher eine auf Distanz geduldete Figur im haxthausenschen Schloss. Wusste der Kuckuck, was Nette an diesem Sperling fand.

„Er ist nicht adelig, aber untadelig", so lautete das Urteil August von Haxthausens und seines Vaters. Straube war eine ehrliche Haut, man musste ihn eigentlich, wenn man nicht hochnäsig auf ihn herabschaute, liebhaben. Annette von Droste-Hülshoff wusste das. Straube verkroch sich in die Laube, die letzte Ausgabe der „Wünschelruthe" mit der „Geschichte eines Algerier-Sklaven" im Gepäck. Er hoffte, dass die Einstellung dieser Literaturzeitschrift kein Donnerwetter nach sich zog. Schließlich hatte August die letzte Rechnung der Druckerei bezahlen müssen, ohne noch einen letzten Nutzen für die Zeitschrift der „Poetischen Schusterinnung an der Leine" gehabt zu haben.

Der Blick in den Park mit den mächtigen Bäumen entschädigte den Besucher für so manche Demütigung, die er in letzter Zeit hatte einstecken müssen. Wie oft war er mit Annette den schönen Weg nach Bellersen hinunter gegangen, zunächst über den schmalen Weg durch den Hainbuchenwald, dessen verschnörkelten Zweige ein schützendes Dach über sie bildeten und in dessen Schatten manche vertraulichen Worte das Ohr des anderen getroffen hatten. Dieses Fleckchen Erde war ein Stück Paradies. Und wer es nicht gleich erkannte, konnte es schnell dazu machen...

Die Ankündigung des Großvaters, die Hülshoffs seien auf dem Weg nach Bökendorf, musste nicht bedeuten, dass sie alsbald um die Ecke kämen. Denn die Reisen ins Paderbörnsche wurden jeweils mit dem eigenen Reisewagen und nicht mit der preußischen Postkutsche unternommen. Wenn die Hülshoffs von Münster aufbrachen und über Telgte, Warendorf, Rietberg, Delbrück, „auf dem Sande" - ein Krug zwischen Delbrück und Neuhaus - Paderborn, Bad Driburg den Bökerhof ansteuerten, waren sie vier bis fünf Tage unterwegs, weil sie auf der Fahrt Bekannte und Verwandte besuchten, was von Annette oft als ermüdend und anstrengend empfunden wurde. Wie oft hatte sie gebeten, den Umweg über Lippstadt und Erwitte anzutreten, wo sich die Kutscher auf befestigter Straße nach den Kirchtürmen richten und schneller vorwärtskommen konnten als auf den unbefestigten Sandwegen. Lippstadt musste zudem eine ansehnliche Stadt sein mit grandiosen Kirchen und Bürgerhäusern. So schrieb sie denn auch einmal an ihren Freund und Gönner Christoph Bernhard Schlüter: „Ich lebe hier noch fortwährend auf der Heerstraße, bin nie über zwei bis drei Tage an einem Orte, und da meine immer von vorne beginnende Runde mich durch neun Orte führt, so komme ich an jeden doch hinlänglich spät, um gescholten zu werden und die kurze Zeit meines Aufenthaltes ausschließlich meinen temporären Herrschaften zuwenden zu müssen, um sie zu besänftigen. Es ist hier, wo nicht unangenehm, doch mindestens sehr angreifend, allzu viele Verwandte zu haben, die alle gleiche Ansprüche machen."

Schlüter war schon mit 28 Jahren Professor der Philosophie an der Akademie Münster geworden. Annettes Mutter hatte ihn schon 1829 gebeten, Mentor ihrer Tochter zu sein und ihre literarischen Versuche in Augenschein zu nehmen. Doch nach der Lektüre des „Walter" hatte er geurteilt, das Epos sei in seinen Augen „süßlich, leer, ja zum Teil affektiert." Das änderte sich, als sich die beiden bei einem literarischen Teekränzchen 1834 in Münster trafen. „Schlüterchen", wie Annette den Professor später nannte, verdiente 1838 durch die Erstherausgabe von Annettes Gedichten bei Aschendorff in Münster und nach ihrem Tod durch die Veröffentlichung des „Geistlichen Jahres" 1851 und ihrer Kompositionen 1877.

Mit der offiziellen Schnellpost hätte die Reise - eine Nachtfahrt eingeschlossen - bei einer Geschwindigkeit von 17,5 Kilometern pro Stunde etwa einen vollen Tag gedauert. Es gab aber auch schauerliche Reisebeschreibungen in der Literatur: „Wir fuhren von Münster mit einem wegekundigen Postillion ab. Doch schon nach zehn Minuten vom Tore stiegen wir ab und keuchten mühsam im Morast neben dem Wagen her ... So ging es in dem alles bedeckenden Sumpfe aus einem unsichtbaren Loch in das andere. Wir waren kaum zehn Minuten gegangen, da versanken die beiden vordersten Pferde bis an die Brust im Morast. ... Der Postillion sprang erschreckt nach und versank ebenfalls bis an die Hälfte des Leibes..." Und auch Wilhelm Grimm, der von Höxter aus, wo er seinen Jugendfreund Paul Wigand besucht hatte, und einen kleinen Wagen für nur zwanzig Groschen nahm, wurde unterwegs zweimal umgeworfen, sodass er den Weg nach Bökendorf zu Fuß antreten musste.

Er kam sonnabends 4 Uhr dort an und wurde sehr freundlich aufgenommen.

Elisabeth schaute um die Ecke. Sie hatte gehört, was Werner-Adolf von Haxthausen dem Gast anvertraut hatte und ahnte, dass Straubes Herzenszustand erfreut und zugleich erschüttert war.

„Hast du einen Wunsch? Soll ich dir etwas bringen?"

„Was du mir bringen könntest, aber nicht kannst, wäre Seelenfrieden", antwortete Straube. „Am liebsten würde ich wieder abreisen."

„Das darfst du nicht, das würden dir die Herren nicht verzeihen. Sie sprechen immer gut von dir."

Straube lächelte. „Wie du. Ja, einen Menschen wie dich an meiner Seite zuhaben..."

Elisabeth trat einen Schritt zurück. „Das geht nicht. Das weißt du. Ich bin dem Jonathan versprochen."

„Versprochen, ja, ja. Also hast du ihn dir nicht selbst ausgewählt."

„Meine Eltern haben entschieden - Jonathan ist ein guter Mann."

„Gewiss. Er ist ein guter Mann. Sicher ist er auch ein alter Mann, ja?"

„Ich muss jetzt gehen", wich Elisabeth aus.

„Nein, jetzt sag mir, was los ist. Wir dürfen uns nicht immer nur ducken, uns klein machen, weil andere über uns das Sagen haben. Du musst selbst bestimmen, was du möchtest, Elisabeth."

Elisabeth lehnte gegen den Türrahmen. Sie schien ein Stück kleiner geworden zu sein. „Kinder werde ich mit ihm nicht mehr bekommen, er ist über das Alter hinaus. Und ich möchte auch kein Kind von ihm. Aber er hat Geld, soviel, dass er meine Eltern mitversorgen kann."

Straubes Fäuste verkrampfen sich, bis das Weiß an den Knöcheln hervortrat.

„Und du, Elisabeth. Hast du keine eigenen Wünsche?"

Ilse, eine der Mägde, klapperte in ihren Holzschuhen in die Laube. „Ach, hier bist du, Elisabeth, die Jungfer Anna verlangt nach dir."

Elisabeth nickte, ein trauriger Blick traf Staube, dann war sie verschwunden.

Die Schnepfenjagd begann am übernächsten Tag, obgleich die Spuren des Wolkenbruches noch nicht überall beseitigt waren. Die Teilnehmer tapsten geräuschvoll in den Pfützen herum, was zur Folge hatte, dass die Vögel schon aufgeflogen waren, bevor der Hahn zum ersten Schuss gespannt war. Werner-Adolph von Haxthausen war ziemlich missmutig, zumal er nie ohne Beute nach Hause kam; er sprach auf dem Heimweg kein Wort und brabbelte nur vor sich hin. Seine Gattin, Marianne von Wendt zu Papenhausen, die ihm 14 Kinder geboren hatte und mit Haushalt und Küche voll ausgelastet war, fragte provozierend: „Willst du, dass wir die Schnepfen gleich rupfen und für den Abendtisch vorbereiten, oder hat es Zeit bis morgen?"

Der Hausherr fluchte, flüchtete in seine Studierstube und knallte die Tür hinter sich zu.

Die Sonne ging in Straubes Herzen auf, als die Hülshoffer Droschke mit der Freiin Therese Luise von Droste-Hülshoff und ihren Töchtern Jenny und Annette vorfuhr. Der Kutscher half den Herrschaften beim Ausstieg und entlud das Gepäck. Therese Luise geb. von Haxthausen, sah sich im Schlosshof um. Nein, hier in ihrer Heimat hatte sich seit ihrem letzten Besuch nichts verändert. Die frisch angepflanzten Bäume hinter dem Schloss waren kräftiger und die Haare einiger Mägde, sofern sie unter den weißen Hauben hervorschauten, etwas grauer geworden. Vater Werner Adolph kam seiner Tochter und seinen Enkelinnen mit ausgebreiteten Armen entgegen. Dann erschien auch Stiefmutter und Stiefoma Marianne von Wendt zu Papenhausen und hinter ihr die Reihe der Baronessen, sofern sie sich noch nicht in die Adelshäuser der Umgebung verheiratet hatten.

Mit ihrem Stiefonkel August verstand sich Annette am besten, er teilte ihre Liebe zur Literatur und hatte die ersten Gedichte der jungen Baronesse wohlwollend und kritisch geprüft. August hatte wie sein älterer Bruder Werner an den Befreiungskriegen gegen Napoleon teilgenommen. Alle Haxthausener Geschwister einte die Sammelleidenschaft für alte Märchen, Volkslieder und Sagen, wozu die Brüder Grimm, vor allem Wilhelm und sein Bruder Ludwig Emil, der Maler, mit ständiger Beharrlichkeit einluden. Bruder Jacob scheute die Reise nach Bökendorf bis jetzt aus gesundheitlichen Gründen.

Annettes Augen umkreisten den Hof, da erblickten sie Heinrich Straube, der am Eingang zur Laube stand und scheu die Hand zur Begrüßung erhob. Annette erwiderte den Gruß, doch nicht vorsichtig genug. Ihre Mutter bekam gleich spitz, was da im Gange war. Sie packte ihre Tochter an der Schulter und schob sie ins Haus.

„Das ist kein Umgang für dich!", mahnte sie. „Wie oft muss ich mich wiederholen?"

„Ich rede ja nur mit ihm. Man kann sich so gut mit ihm unterhalten."

„Es gibt einen besseren Umgang für dich. Von Arnswaldt zum Beispiel. Er hat Niveau und kommt aus unserem Stall."

„Auch nicht Adelige haben einen Mund, der reden kann, Mutter."

Freiin von Droste-Hülshoff hörte schon nicht mehr hin. Sie stapfte hinter den beiden Mägden her, die das Gepäck in ihre Zimmer hinauf transportierten. Annette und Jenny halfen beim Auspacken der weiten, knöchellangen Röcke mit den engen Oberteilen. Die Kleider mit zum Teil riesigen, keulenförmigen Ärmeln bedurften besonderer Sorgfalt. Alsdann versammelte sich die Gesellschaft zum Kaffee im Salon. August von Haxthausen und Heinrich Straube ließen sich alsbald entschuldigen; sie waren noch einmal mit dem Algerier-Sklaven und weiteren literarischen Plänen beschäftigt. Sobald sie konnte, stahl sich Annette vom Tisch, schloss sich den beiden in der Laube an und hörte zu.

„Ist das wirklich ein bezeugter Mordfall, über den ihr da redet?", fragte sie schließlich.

„Er ist nicht nur bezeugt, sondern die Gerichtsakten liegen im Archiv in Abbenburg. Dort befand sich damals das Patrimonialgericht."

„Wirklich? Wann war das denn?" Annettes Neugier war geweckt.

„Dein Urgroßvater war der maßgebliche Richter damals."

Die Baronesse klatschte in die Hände. „Ich könnte die Abbenburger bitten, mir einen Einblick in die Akten zu erlauben. Das ist ein toller Stoff für eine Kriminalgeschichte." August von Haxthausen war nur fünf Jahre älter als Annette und zugleich ihr Onkel. „Das wirst du hübsch bleiben lassen, Nette. Was später wird, geht uns jetzt nichts an. Aber jetzt war der Mordfall erst einmal in der ‚Wünschelruthe'."

So sehr Heinrich Straube sich über das Wiedersehen mit der Baronesse freute, deren Anblick sein Herz vorhin aus dem Takt hatte geraten lassen, so schmerzlich missfiel ihm, dass sie nun das Gespräch an sich riss. Vorlaut war sie, das wussten alle, und alle missbilligten ihre Neugier. Frühreif sei sie auch, hieß es, allerdings auch ungewöhnlich begabt. In Annettes Kopf baute sich bereits skizzenhaft das Gerüst zu einer Kriminalhandlung auf, die in dieser Gegend spielte, deren Einzelheiten sie aber noch in Erfahrung bringen würde. Sie hielt die Leute hier für wilde, leidenschaftliche Naturkinder, verschlagen und streitsüchtig. Nach ihren Beobachtungen herrschten rohe Sitten, Trunksucht, Rauflust, Wilddieberei und Schmuggel. Vielleicht, nein, höchstwahrscheinlich musste die Handlung der Kriminalgeschichte auch mit den vielen Holzdiebstählen zu tun haben, die hier an der Tagesordnung waren und bei denen es manchen Todesfall gab. Damals hatten die Preußen die reichen, einschlägigen Klöster Westfalens aufgelöst oder befanden sich noch inmitten dieser Gewaltaktion. Selbst die mit diesem Schritt beauftragte Kommission schätzte die Lage wie folgt ein: „In dieser in der Kultur so vernachlässigten Provinz geben die Klöster einen Zufluchtsort vielen Personen, welche sonst keinen Erwerbszweig haben, und es finden Arme und Kranke dort Unterstützung. Daher wird es gut sein, wenn in manchen kleinen Städten, besonders jenen, welche wenig Verkehr haben, ein Kloster bleibt. (...) Sie sind wichtig für Seelsorge und Unterricht. Sie müssen daher so lange bestehen bleiben, bis Ersatz für sie da ist."

Die Droste stand noch im Bann von E.T.A. Hoffmanns „Das Fräulein von Scuderi", dem ersten überzeugenden Kriminalfall in Deutschlands Literaturgeschichte, und erst kürzlich, 1819, publiziert. Die am Hof Ludwigs des XIV. lebende Dichterin Madeleine von Scuderi wird in eine unheilvolle Mordserie im Paris des Jahres 1680 verstrickt. Ein Unschuldiger soll für Raubmorde büßen, doch mit Hilfe des Fräuleins von Scuderi wird entschlüsselt, dass der Goldschmied Cardillac der Täter ist. Dank ihrer Fürsprache wird der Unschuldige vom König begnadigt. Die Erstveröffentlichung war ein riesiger Publikumserfolg, an den Annette von Droste-Hülshoff gern anknüpfen wollte.

„Du hast mir vor Monaten von deinem Roman ‚Ledwina' berichtet. Bist du mit ihm weitergekommen?"

Annette empfand die Frage als Ablenkung und zudem lästig. „Nein, er stagniert. Er war mir plötzlich nicht mehr wichtig. Ich musste erst einige andere Fragen klären."

„So? Welche denn?"

Wenn Straube jetzt doch nicht hier wäre und alles mitbekäme! Sie blickte zu ihm hinüber. Er tat unbeteiligt, blätterte in den Ausgaben der „Wünschelruthe", doch die Baronesse wusste, dass er insgeheim die Ohren spitzte.

„Ich habe Gedichte zum ‚Geistlichen Jahr' begonnen, das die kirchlichen Feste und Bräuche zum Thema hat."

August hob die Augenbrauen... Er lehnte sich auf seinem Stuhl zurück, verschränkte die Arme und bewegte den Kopf wie ein Nickneger an der Weihnachtskrippe.

„Ach, dazu hat dich ja bekanntlich deine fromme Stief-Großmutter angestiftet.'"

28

Annette von Droste-Hülshoff erinnerte an den gemeinsamen Kuraufenthalt in Bad Driburg im Vorjahr, wo sie sich als Folge ihrer zu frühen Geburt mit sieben Monaten von verschiedenen Krankheiten wie Kopf- und Magenschmerzen zu erholen hoffte und mit Maria Anna von Wendt zu Papenhausen Heilbäder und andere Anwendungen genossen hatte. Hier wirkte zeitweise auch der königliche Leibarzt, Volkserzieher und „Sozialhygieniker" Christoph Wilhelm Hufeland. In Driburg war auch das Projekt der frommen Gedichte aus der Taufe gehoben worden.

August lachte. „Wenn ich mich nicht irre, bist du dort nicht satt geworden, stimmt 's? Ich habe einen Brief in Erinnerung, den du an die Verwandten geschrieben hast."

„Erinnere mich nicht. Ich höre heute noch meinen Magen knurren. Ja, ich habe einen Brief verfasst, in dem ich die Verwandten bat, mir ein bisschen Butter zu schicken, hierzulande sei alles sehr teuer und schlecht. Frenzchen hat mir von der Hinnenburg auch welche geschickt, aber ich konnte ebenfalls etwas süßes Brot und einen Käse gebrauchen."

August lachte und auch Straube schmunzelte, obgleich er nicht Zeuge der Unterhaltung sein sollte.

Der Onkel hörte auf zu wippen. Stattdessen verschränkte er die Arme und sah seine Nichte amüsiert an.

„Hast dich in jüngster Zeit nicht begeistert an den Märchensammlungen beteiligt. Deine Schwester Jenny war da erfolgreicher."

„Sie hat ja auch keine Ambitionen Gedichte zu schreiben", erwidere Annette schroff.

„Wer Ideen im Kopf hat, möchte sie verwirklichen und nicht in der Schublade verstauen, oder bei alten Frauen nach alten Kamellen suchen."

„Da zeigt sie sich wieder, die hochnäsige Baronesse", konstatierte August von Haxthausen. „Kein Wunder, dass Jenny dir vorgezogen wird."

Heinrich hatte bislang geschwiegen und Annettes unangenehmen Disput mit dem Onkel mit roten Ohren verfolgt. Plötzlich wechselte sie das Thema und legte ihre Hand auf Heinrichs Arm.

„Hast lange nichts von dir hören lassen", sagte sie.

„Ich habe mich nicht getraut, dir zu schreiben. Ich weiß, dass deine Mutter es missbilligt."

„Schickst du mir ein Gedicht, vielleicht auch zwei, ist das kein Staatsverbrechen."

„Nein, aber du hast dich auch nicht getraut."

„Die abgehende Post wird im Schloss gesammelt. Da wäre ich aufgefallen. Und so oft laufe ich nicht von Hülshoff nach Münster, um sie dort aufzugeben."

August spürte, dass seine Anwesenheit im Augenblick nicht erwünscht war.

„Ich gehe meine Pfeife holen", sagte er und stand auf.

„Ich glaube nicht, dass er unsere Freundschaft gutheißt', meinte Straube und sah dem langjährigen Kommilitonen nach. „Ich bin nicht adelig, dazu evangelisch und auch sonst kein Sonnenkind. Doch August ist er ein prächtiger Mensch, ich komme gut mit ihm zurecht, und er ist und mir im Grunde wohlgesonnen."

„Da ist er wie die Verwandtschaft. Er kann nicht aus seiner Haut."

Die beiden sahen sich an. Straube sah Tränen in den Augen der Baronesse. Er blickte zum Eingang der Laube, ob August noch in der Nähe sei, dann, plötzlich, zog er Annettes Kopf zu sich heran und gab ihr einen scheuen Kuss.

„Entschuldige, entschuldige, das war ein faux pas", rief er und sprang auf.

Annette schien nicht im Geringsten überrascht. Sie bugsierte ihn auf die Bank zurück, schüttelte ihre Locken aus dem Gesicht und erwiderte den Kuss, ohne darauf zu achten, ob sich ihr Onkel näherte.

„Das dürft Ihr nicht, Baronesse!" flüsterte Straube, „das ist gegen die Etikette."

„Ist es auch gegen die Liebe? Und jetzt hör auf, mich Baronesse zu nennen." Ohne weitere Erklärungen griff sie in die Tasche ihres weiten Rockes und zog ein kleines, schmales Briefchen hervor, das mit einer Schleife geziert war. „Steck es weg", sagte sie schroff.

Sie hörten die Schritte des Barons. „Es wird gleich musiziert und gesungen," freute sich August. „Die ganze Wohngemeinschaft wird zusammengetrommelt."

Die Pflege alter Volkslieder gehörte zur Hauskultur, auf die Werner-Adolf von Haxthausen und seine Söhne großen Wert legten.

„Und wo ist deine Pfeife?"

Onkel August hatte gar nicht nach ihr gesucht.

Beim Volksliedsingen nahm Straube zwischen den Familienmitgliedern und dem Hauspersonal Platz. So gehörte er weder zu den von Haxthausens und von Hülshoffs noch zu dem Gesinde. Auch sein Status als Gast spielte hier keine Rolle. Niemand empfahl ihm, ein Stück herauf zu rücken. Mit Freude bemerkte er, dass Elisabeth in seiner Nähe saß und ihm zuwinkte. Hier war sein Platz. In den Stimmen gab es keine Unterschiede. Da besaßen die adeligen und die bürgerlichen die gleiche Qualifikation. Werner-Adolf saß oben an, den Zeigefinger wie einen gekappten Dirigentenstab erhoben, und dirigierte die Einsätze.

Wilhelm Grimm hatte seinem Bruder Jacob die angenehme Atmosphäre in Bökendorf schon vor geraumer Zeit in einem Brief so beschrieben: „Abends sangen sie sämtliche Volkslieder. Das war sehr schön. Ich wollt, du hättest es mit anhören können. Ich habe einen vergnügten Abend gehabt. Du glaubst gar nicht, wir herrlich weich diese Melodien sind... Die Mädchen haben die Lieder sich auf kleine Velinpapiere geschrieben und so ihre kleine zierliche Sammlung. Etwas davon habe ich kopiert... Morgen und Nachmittag ward, so oft es anging, geschrieben, abends gingen wir in den kleinen Park und einen anliegenden schönen Wald, nach Tisch aber abends ward gesungen bis in die Nacht, die Brüder bliesen Waldhörner und August die Flöte, und die Mädchen sangen; einige Volkslieder haben außerordentlich schönen Melodien."

August von Haxthausen erklärte in einer Pause, dass er einige neue Märchen erhalten habe. Der Schafhirt auf dem Köterberg sei eine sprudelnde Quelle. „Die Bremer Stadtmusikanten" seien schon auf dem Weg zu den Brüdern Grimm in Kassel. Ach, es gab noch so viel Urgestein, das man befragen könne. Eine alte Magd zum Beispiel, hier ganz in der Nähe. Leider wohne die Viehmännin nicht vor der Haustür, aber Wilhelm und Jacob Grimm profitierten von ihrem Wissen. Von einem Besuch auf dem Köterberg im Juli 1813 hatte Wilhelm Grimm geschrieben: „Drei Stunden westlich von Corvey liegt der Köterberg, auf dessen Gipfel sich die Corveyschen Hannoverschen, Lippischen Grenzen berühren. Unten ist er mit Wäldern bewachsen, die Kuppel selbst ist kahl, hier und da mit großen Steinen besät. Auf der kahlen Kuppel weidete ein Schäfer, den wir um alte Erzählungen angingen; er hat uns auch einige ganz gute mitgeteilt, darunter die vom Kaiser Rotbart mit seinen großen Schätzen, die fast jeder große Berg besitzt...“

Es waren beschwingte Tage, die Heinrich Straube in Bökendorf erlebte. Zweimal noch forderte der Hausherr ihn zur Schnepfenjagd, und jedes Mal war ihnen Glück beschieden, denn die schmackhaften Vögel waren träge vom Körnerfressen und hoben schwerfällig ab. Es schallte über die Felder und in den angrenzenden Wald. Den Hunden hing die Zunge fast auf den Boden vor so viel Gerenne und Gesause, um die Vögel zusammenzutragen. Großmutter Marianne und ihr Küchenstaat hatten alle Hände voll zu tun, um das Federvieh zu rupfen, auszunehmen und zu braten. Jenny und Annette boten ihre Hilfe an, die nur zu gern angenommen wurde, und auch ihre Mutter Therese Luise ließ sich in der Küche sehen und beteiligte sich an dem Spektakel. Werner-Adolf von Haxthausen war stolz auf seine Söhne. Von Werner hörte er nur Gutes. Er war inzwischen zum Regierungsrat in Köln ernannt und mit Organisationsaufgaben in der neuen preußischen Rheinprovinz betraut worden. Und August, der angehende Agrarwissenschaftler, Sozialökonom und Jurist, beschäftigte sich mit dem Plan, den Malteserorden wieder zu beleben. Außerdem verfolgte er die Idee, die katholische und orthodoxe Kirche irgendwie zusammenzubringen, damit sie einen gemeinsamen Glaubensstamm bildeten. Er war der jüngste von sieben Söhnen des Drosten und legte großen Wert auf Tradition und Heimatliebe.

Wilhelm Grimm schrieb an Ludowine von Haxthausen:

„Meinem Bruder, der sich Ihnen unbekannterweise empfehlen lässt, und mir ist diese Sammlung sehr lieb, wir wünschen sie so vollständig als möglich zu machen, und darum bin ich auch gleich so frei, Sie um Beiträge, ganz neue Stücke, die uns noch fehlen, oder Ergänzungen und Berichtigungen des Alten zu bitten. Nichts ist uns hier zu wenig, wir nehmen gerne jede Kleinigkeit, die hierher gehört; ich zweifle aber nicht, dass Sie uns noch manches mitteilen können, und bei der eignen schönen Art, womit Volksdichtung noch bei Ihnen lebt, bin ich auch sicher, dass sie gerade so aufgefasst werden, wie mir am liebsten ist, nämlich treu und genau mit aller Eigentümlichkeit selbst des Dialekts, ohne Zusatz und sogenannte Verschönerung. Ihr Bruder hat mir schon im Voraus, als er vor kurzem uns besuchte, gerade Ihre Teilnahme versprochen."

Jenny, die Tagebuch führte, schrieb über den Besuch Wilhelm Grimms in Bökendorf:

22. Juli
„Als August mit seinem Freunde Grimm kam, war es schon recht spät. Ich freute mich sehr, ihn wiederzusehen. Grimm konnte ich den ersten Abend nicht recht sehen, und seine hessische Aussprache gefiel mir nicht recht."

23. Juli
„...kam ich erst sehr spät zum Kaffee herunter; alle waren dort, auch Grimm. Ich konnte ihn ganz nahe sehen und saß ihm nicht umsonst gegenüber. Er ist ziemlich groß, hat schwarzes, wenigstens dunkelbraunes Haar, die schönsten, sprechendsten braunen Augen, die ich je sah, eine schöne Stirn, hübsche Nase, Mund und ... ist nach meinem Geschmack einer der hübschesten, interessantesten Menschen, die ich kenne; bei dem die kleinste Bewegung seiner Seele in den Augen und auf dem ganzen Gesichte sichtbar wird.

Morgens waren wir in Belvedere, wo August und Grimm uns amüsierten, bis Kannes kamen und wir nach Hause mussten.

Nachmittags, als Kannes weg waren, gingen Onkel Fritz mit der Gitarre, August, Grimm, Caroline, Ludowine, Nette und ich in den Lämmerkamp, wo wir am Häuschen sangen und dann ins Sengertal gingen. Hier setzten wir uns ins Gras, und Grimm, der seiner Kränklichkeit wegen nicht auf dem Boden sitzen durfte, sang uns stehend mehrere Lieder, und auch das von Sevilla, bis ich endlich den armen Menschen nicht mehr stehen sehen konnte und ans Weggehen erinnerte. Nach dem Essen sangen wir recht lange auf der Entree im Dunkeln."

24. Juli

„Den 24. Juli war es unfreundliches Wetter, Grimm schrieb den ganzen Morgen Märchen auf, auch für mich zwei Lieder, die mir viel Freude machten. Nach dem Essen gingen August, Grimm, Caroline, Ludowine, Nette und ich in die Wiese spazieren, wo wir unter den Bäumen „Kämmerchen vermieten" spielten; wir mussten aber bald aufhören, weil Grimm nicht laufen durfte, und gingen stattdessen ins Boskett, wo Grimm uns bei der Blutbuche vorlas. Hernach schrieb er noch Märchen und malte Karikaturen. Onkel Karl schnitt einige Silhouetten, unter denen aber nur das von Grimm glich, welche ich mir zueignete. Nach Tische wurde, wie gewöhnlich, noch lange gesungen"

25. Juli

„25. Juli waren wir alle in Hinnenburg. Großmama, Mama und Grimm fuhren, wir anderen gingen alle zu Fuß hin. Grimm (der mich den anderen äußerlich etwas vorzog, welches mir wohl gefiel, da doch die Freundschaft interessanter Menschen keinem gleichgültig sein kann, und weiter war's nichts) und ich amüsierten uns bei Kupferstichen, die im Zimmer hingen. Hernach gingen wir alle zum Tempel, wo es sehr windig war; Grimm und ich gerieten in einen Streit über die gelbe Farbe, die seine Lieblingsfarbe war, doch konnte ich sie trotz seiner Brillen, die ich aufsetzte, nicht schön finden, und keiner von uns wollte weichen.

Als wir herabgingen, neckten mich Ludowine und Caroline mit Grimm, welches uns sehr unangenehm war und mich bewog, auf dem Rückwege nicht mit dem Wagen zu gehen, was ich sonst gewiss getan hätte.

Nach dem Abendessen sangen wir noch lange im großen Zimmer. Es war der letzte Abend in Bökendorf, und wir waren alle stiller als sonst. Ehe wir zu Bett gingen, las uns Grimm noch die letzte Szene aus dem „Standhaften Prinzen`. Sie war sehr angreifend und Grimm so sehr aus der Fassung, dass er nur mit Mühe bis zu Ende lesen konnte. Ich fand dies tiefe Mitgefühl bei dem Leiden des armen Prinzen sehr schön an ihm und fühlte auch wenigstens einen Teil mit; dann gab uns Grimm ein Blatt, worauf er uns alle einen Vers zu schreiben bat. Wir sangen noch ein Lied und kamen erst spät zu Bette, wo ich August und Grimm noch lange über mir poltern hörte und spät einschlief."

26. Juli

„Dieser Tag war für uns alle sehr traurig, auch ich stand mit schwerem Herzen auf und packte mit dem größten Widerwillen unsere Koffer ein. Auf Caroline ihrem Zimmer schrieben wir alle einen Vers für Grimm auf. (…) August und Grimm waren viel auf ihrem Zimmer unter dem Vorwande, Lieder füreinander abzuschreiben. Ludowine, Caroline und ich gingen kurz vor der Abreise noch ins Boskett. Grimm fand uns dort, wollte erst wieder gehen, weil er uns zu stören glaubte, blieb aber doch und war den ganzen Morgen sehr stille. Um 12 Uhr speisten wir, nahmen (…) Abschied und gingen (…) zu Fuß bis ins Feld, wo am Kreuze der Wagen wartete.

Wir alle waren sehr traurig, (...) Grimm ging schweigend hinter uns her, und ich sah mich nicht nach ihm um, weil ich mich meines unaufhörlichen Weinens schämte."

Was Jenny ihrem Tagebuch anvertraut hatte, bestätigte Wilhelm am 28. Juli in einem Brief an seinen Bruder Jakob.

„Ich habe die Zeit angenehm zugebracht. Märchen, Lieder und Sagen, Sprüche usw. wissen sie eine Menge; ich habe eine ganz gute Partie aufgeschrieben, eine andere der August (...), die er ins Reine erst noch schreiben will. (...) Ich müsste etwa 4-6 Wochen da sein, um alles ruhig und genau aufschreiben zu können. (...) Die Fräulein aus dem Münsterland wussten am meisten, besonders die jüngste; es ist schade, dass sie etwas Vordringliches und Unangenehmes in ihrem Wesen hat; es war nicht gut mit ihr fertig werden; sie ist mit sieben Monaten auf die Welt gekommen und hat so durchaus etwas Frühreifes bei vielen Anlagen. Sie wollte beständig brillieren und kam von einem ins andere (...). Die andere ist ganz das Gegenteil, sanft und still. (...)

Abends gingen wir in den kleinen Park und einen naheliegenden Wald, nach Tisch aber abends ward gesungen bis in die Nacht; die Brüder bliesen Waldhörner und August die Flöte, und die Mädchen sangen; einige Volkslieder haben außerordentlich schöne Melodien.

Ich habe oft daran gedacht, dass es Dir doch in einigen Stunden angenehm würde gewesen sein, wenn Du hättest mitgehen können. Sie hatten darauf gerechnet und glauben, Du würdest im Herbst mit August kommen."

Der Tag war heiß gewesen. Annette von Droste-Hülshoff hatte mehrmals über die Hitze geklagt und wie Jenny eine Unmenge Himbeerwasser getrunken, das in der Küche für alle bereit stand. Jetzt, wo die Hitze abflaute, aber auch die Dämmerung langsam ihre dunklen Flügel entfaltete, nahm der Wind von den alten Bäumen Besitz. Er rüttelte sanft an den Ästen und brachte die Blätter zum Schwingen. Von Bellersen herauf erscholl Tanzmusik. Trompeten, Geigen und Flöten wechselten sich in der Führung des Hauptmotivs ab.

Jetzt wird dort das Tanzbein geschwungen, dachte Annette, während sie im Park auf Heinrich Straube wartete, mit dem sie verabredet war.

„Das wird wieder Ärger geben", hatte der gesagt. „Vor allem, wenn deine Mutter Wind von unserem Treffen bekommt."

„Sie muss es ja nicht erfahren", hieß die Antwort; sie beruhigte den Freund jedoch nicht.

„Ich verstoße doch jeden Tag gegen die Etikette", ergänzte er. „Ich spüre doch, dass ich hier fehl am Platz bin."

„Das bist du nicht. Du bist Gast meines Großvaters, der dich schätzt und mit dir auf die Schnepfenjagd geht, und meiner Onkel Werner und August von Haxthausen. Die Brüder Grimm sind auch nicht adelig und sie haben ihren unangefochtenen Platz im Haus."

„Sie lieben dich auch nicht so wie ich." Hatte Annette diese Antwort gehört? Die Mägde klapperten mit dem Geschirr, als sie den Abendtisch abräumten und sich die Komtesse diskret entfernte. Straube blieb noch einen Augenblick sitzen, scherzte mit Elisabeth, die sich erkundigte, ob der „hohe Herr" noch einen Wunsch habe, schlich aber dann, bevor Hausherr Werner Adolf ihn in seine geliebten Dispute verwickelte, in den Park hinaus.

Annette ließ sich derweil vom Gesang Nachtigallen verzaubern. Heinrich Straube musste sich durch ein stilles „Psst! Psst!" bemerkbar machen. Die Droste drehte sich um.

„Hörst du sie?"

„Wen?"

„Na, die Nachtigallen."

„Ja natürlich höre ich sie. Aber da sind auch andere Laute."

„Das ist die Kapelle auf dem Schützenfest in Bellersen. Hast du Lust, mit mir dorthin zu gehen?"

„Jetzt?"

„Ja, du Schlaumeier. Wann denn sonst?"

„Wird heute daheim nicht gesungen?"

„Nein, heute singen die Nachtigallen."

„Aber wenn das auffällt? Wir können doch nicht einfach vom Bökerhof verschwinden."
„Waschlappen. Natürlich können wir das. Ich habe mich abgemeldet. Und nach dir wird heute niemand mehr fragen. Also, was ist?"

„Ich weiß nicht." Das ängstlich - verwirrte Gesicht Straubes konnte Annette nicht sehen.

Sie umfasste fest die linke Hand des Freundes und zog ihn aus dem Park ins freie Feld hinaus. Der Mond war aufgegangen. Auch wenn er nicht sein volles Rund zeigte, war der Weg nach Bellersen klar erkennbar. Annette gab einen kräftigen Schritt vor, dem Straube nur widerstrebend folgte. Jetzt ging er in einem Meter Abstand hinter der Komtesse. Die Tanzmusik wurde lauter.

„Heute war das Frauenschießen", bemerkte Annette, „das scheint in dieser Gegend ein einmaliger Brauch zu sein."

Straube holte auf.

„Frauenschießen?"

„Ja. Ja frühmorgens ziehen die Frauen mit den Gewehren ihrer Männer vor den Edelhof, voran die Frau des Schützenkönigs mit den Abzeichen ihrer Würde, den Säbel an der Seite, wie weiland Maria Theresia auf dem Kremnitzer Dukaten. Ihr folgt der Fähnrich mit der weißen Schützenfahne. Vor dem Hofe wird Halt gemacht, und die Schützenkönigin zieht den Säbel und kommandiert das kleine Heer ihrer bunt geschmückten Frauengeschwister - recht - links, wie beim Regiment der Schützen- männer. Ja, und anschließend geht 's zum Schießplatz."

Straube staunte. „Flintenweiber" schoss es aus ihm heraus.

„Das lass nicht die Frauen hören", drohte Annette mit erhobener Stimme, denn die Tanzmusik übertönte die nächtliche Ruhe.

„Willst du auch tanzen?"

„Ich?" Straube machte einen Schritt rückwärts. Er beobachtete, wie Annette sich im Rhythmus der Klänge wiegte. Sie standen unweit der Tanzfläche im Schatten einer alten Buche, den Blick auf die sich im Tanz wiegenden Frauen gerichtet. Kein Mannsbild war zu sehen.

„Ich möchte schon", sagte die Droste.

„Dann weiß es morgen die halbe Welt und erst recht deine Mutter."

Es kam Straube vor, als mache Annette einen Schritt nach vorn. Da fasst er sie an der Schulter und hielt sie zurück. Jetzt stand sie dicht vor ihm, sie atmete heftig. Er spürte ihre kleinen festen Brüste an seinem Körper. Dann neigte sie ihren Kopf dem Gesicht des Freundes zu und küsste ihn.

„Heinrich, weiß du, wie lieb ich dich habe?"

„Ich ahne es. Ich habe dich auch lieb, aber es darf nicht sein."

„Hör auf!", sie stieß den Freund von sich. „Hast du das in der Schule gelernt, dass es verschiedene Sorten von Menschen gibt, die nicht zusammenfinden dürfen?"

Straube legte die Hand um die Schulter An nettes und zog sie wieder an sich. „Nicht in der Schule, aber im realen Leben."

Sie schwiegen. Eine Viertelstunde verging. Die Tanzmusik machte eine Pause.

„Ich glaube, die Musikanten ziehen heim. Es ist bald Mitternacht."

„Ja, Annette, wir müssen auch nach Hause."

Wortlos gingen sie zurück. Der Mond hatte sich in ein Wolkenbett verkrochen. Heinrich fasste nach Annettes Hand, aber sie entzog sie ihm. Eine noch nicht schlafmüde Nachtigall sang im Park hinter dem Bökerhof. Einen Augenblick blieben sie stehen und lauschten. Diese wunderbare Musik war unteilbar, sie gehörte allen Menschen. Die Hintertür des Schlosses war wie immer nicht verriegelt. Jeder huschte ohne Gute-Nacht-Gruß schweigend in sein Zimmer hinauf.

August von Arnswaldt (1855)

Der Himmel verdunkelte sich, als August von Arnswaldt im Bökendorfer Alltagsleben auftrat. Er besaß die Fähigkeit, die Augen aller auf sich zu lenken. Er war tatsächlich ein reizender, angenehmer junger Mann und bei den von Hülshoffs wohl gelitten. Präzise Beobachter bemerkten, dass Anna von Haxthausen ein Auge auf ihn geworfen hatte und ihr seine Tändeleien mit Annette missfielen.

„Nun treib dich nicht mit diesem Straube in den Gewächshäusern herum, sondern pflege die Freundschaft zu Arnswaldt, wie es einem Mädchen deines Standes obliegt", mahnte Mutter Therese Luise. Annette wehrte sich, vom Herumtreiben könne keine Rede sein. Der Großvater pflege eine seltene Botanik und Straube verfüge über viele Kenntnisse dieser ungewöhnlichen Pflanzen- und Staudenwelt. Und zudem sei er literarisch so begeistert wie sie.

„Ja, Nettchen. er dichtet. Das ist kein Ruhmesblatt. In Münster macht man sich ja auch über deine Verse lustig."

„Weil der Adel nicht liest oder nur so tut, indem er sich Prachtbände ins Regal stellt, wozu die anderen keine Gelegenheit haben", erwiderte Annette trotzig.
Die Mutter hob den Zeigefinger. „Auch mit deinen 23 Jahren schuldest du mir Respekt!"

„Das tue ich, Mutter, aber wo Missstände herrschen, darf ich sie benennen."

Therese Luise von Hülshoff blieb auf der Treppe zu ihren Räumen stehen und blickte sich um. „Missstände? Ich glaube nicht, dass sich der Adel etwas zu Schulden kommen lässt. Seine Verpflichtungen gegenüber seinen Untergebenen hält er gewissenhaft ein. Hast du, wenn ich mich nicht irre, dieses Volk hier nicht manchmal selbst kritisch unter die Lupe genommen und ihm ein unrühmliches Urteil ausgestellt?" Einen Augenblick suchte Annette nach Worten. „Ich habe geschildert, wie ich es empfinde. Aber dass es so ist, ist nicht seine Schuld, sondern weil es ausgelaugt wird und keine Möglichkeit der Bildung und Entwicklung hat."

„Lass das nicht deinen Großvater hören!" Therese Luise stapfte nach oben, ohne die Einwände ihrer Tochter zu kommentieren. Jenny folgte ihr widerspruchslos, aber

Annette musste sich noch einen Moment auf eine der Treppenstufen setzen und ihr aufgeregtes Herz beruhigen.

„Baronesse benötigen eine Erfrischung?", rief die Magd Ilse in die Küche, aber Annette wehrte ab. „Was ich brauche, ist frische Luft, Weltenluft, nicht die abgestandene Luft in Familienschlössern." Im Gedicht „Unruhe" heißt es:

„Ich will hier ein wenig ruhn am Strande.
Sonnenstrahlen spielen auf dem Meere.
Seh ich doch der Wimpel weiße Heere.
Viele Schiffe ziehn zum fernen Lande.
Oh, ich möchte wie ein Vogel fliehen!
Mit den hellen Wimpeln möcht ich ziehen!
Weit, o weit, wo noch kein Fußtritt schallte,
Keines Menschen Stimme widerhallte,
Noch kein Schiff durchschnitt die flüchtige Bahn!
Und noch weiter, endlos, ewig neu
Mich durch fremde Schöpfungen, voll Lust,
Hinzuschwingen fessellos und frei!
Oh, das pocht, das glüht in meiner Brust!
Rastlos treibts mich um im engen Leben.
Freiheit heißt der Seele banges Streben,
Und im Busen tönt 's Unendlichkeit!
Fesseln will man mich am eignen Herde!
Meine Sehnsucht nennt man Wahn und Traum.
Und mein Herz, dies kleine Klümpchen Erde,
Hat doch für die ganze Schöpfung Raum!

Da so viele literarische Werke in der Welt kursierten - musste man sie mit eigenen Versuchen noch anhäufen? Das war doch wie ein Schwimmen gegen den Strom mit Aussicht auf persönliches Scheitern, auf pauschale Ablehnung oder kritisches Zerpflücken der Worte. 1819, im Februar, hatte Annette von Droste-Hülshoff ihrer ‚Tante' Anna von Haxthausen noch anvertraut: „Ich wollte neulich eine Novelle schreiben und hatte den Plan schon ganz fertig. Meine Heldin trug schon zu Anfang der Geschichte den Tod und die Schwindsucht in sich und löschte so nach und nach aus. Dies ist eine gute Art, die Leute tot zu kriegen, ohne dass sie brauchen den Hals zu brechen oder an unglücklicher Liebe umkommen. Aber da bringt mir das Unglück aus der Lesebibliothek vier Geschichten nach der Reihe in die Hand, wo in jeder die Heldin eine solche zarte, überspannte Zehrungsperson ist. Das ist zu viel; ich habe in meinem Leben nicht gerne das Dutzend voll gemacht, in keiner Hinsicht; also habe ich meinen schön durchgearbeiteten Plan aufgegeben, mit großem Leid, und muss nun einen neuen machen, von dem ich noch nicht weiß, woher ich ihn kriegen soll. Denn die Unzahl an Novellen und kleinen Erzählungen, die seit etwa 20 Jahren herausgekommen sind, haben allen Stoff aufgefressen, und wenn sie ihn auch noch so schlecht bearbeitet haben, so kann ihn doch nun kein anderer Mensch mehr brauchen."

Im Leben der Baronesse ereignete sich ein Vorfall, der als „Jugendkatastrophe" in ihr Leben platzte und geschickt oder ungewollt den Bruch mit Heinrich Straube und August von Arnswaldt heraufbeschwor. Auf das, was man mit ihr angestellt oder wie man sie aufs Glatteis geführt hatte, konnte sie sich selbst keinen Reim machen. Am Ende blieben nur ein heilloses Durcheinander, Unterstellungen, Missverständnisse - und die Flucht. Freiin Therese hatte augenblicklich anspannen lassen und mit ihren Töchtern die Heimreise angetreten. Eine wortlose, von stummen Vorwürfen belastete Fahrt ins Münsterland schloss sich an, ohne Pausen und Verwandtschaftsbesuche. Nur weg von dieser blamablen Geschichte! Annette hatte sich unmöglich gemacht, hatte die Familie kompromittiert. Wie ein Häufchen Elend saß sie auf ihrem Platz, zusammengesunken, ohne Augenaufschlag, mit Selbstvorwürfen belastet, ohne ein wirkliches Fehlverhalten zu begreifen.

Als ruhenden Pol empfand Annette ihre Tante Dorothea - genannt Dorly -in Wehrden, die mit Philipp Reichsfreiherrn von Wolff-Metternich verheiratet war. Der konnte sie auch ihre heimlichen Gedichte zeigen. Bei ihr ruhte sie im Winter 1820 aus, saß in dem Schloss benachbarten Turm, der später nach ihr benannt wurde, und blickte über die Weser Richtung Fürstenberg, in dessen Schlossräumen eine vielgerühmte Porzellanmanufaktur ihre Produkte in Formen goss. Im Fluss trieben Eisschollen, im Ofen prasselte das Feuer, aber es war Annette nicht warm ums Herz.

Hier verarbeitete Annette die dunkle Episode, die von anderen als schrecklicher empfunden wurde als von ihr selbst. Dass man ein so übles Spiel mit ihr getrieben hatte, konnte sie nicht begreifen. Anna wusste mehr über die Hintergründe und erst später kam Annette auf den Gedanken, dass ihre „Tante", die ihr so vertraut war, zwei Gesichter besaß. „Ich habe lange gewankt", schrieb sie, „ob ich Deinen harten Brief beantworten sollte, liebe Anna, denn ich war entschlossen, alles über mich ergehen zu lassen; was soll ich den anderen auch sagen, sie wissen Ja eigentlich nichts, und zudem muss ich büßen für manches, was Du auch nicht weißt, und dazu ist ihre Übereilung recht gut, denn es ist schrecklich, sich so stillschweigend von allen Seiten verdammen zu lassen; aber Du kommst mir zu tief ins Leben, denn Du weißt viel mehr wie die anderen, und doch tust Du ebenso unwissend hart und ebenso verwundert fragen, da Du doch die Antworten weißt..."

Wie oft hielt Annette im Schreiben inne, um sich die Tränen aus den Augen zu wischen. Einmal musste sie ein soeben begonnenes neues Blatt zur Seite legen, weil die Tinte unter ihren Tränen zerlief und Spuren ihres Schmerzes aufs Papier zeichnete.

Arnswaldt - hatte er sie nicht nur benutzt wie eine Hülse und gebohrt, um an den Kern im Innern zu kommen? Warum musste diese so ehrliche Freundschaft zu Straube zerbrechen?

„Hör, Anna, ich will Dir allerhand sagen, nicht, als ob ich nicht alles tausendmal verdient hätte, sondern weil du mich fragst und zu viel weißt, um jetzt nicht noch mehr zu wissen, und ich traue Dir, dass du es keinem deiner Geschwister zeigst. Recht kann ich es dir auch nicht erklären, das könnte ich Straube ganz allein, aber den werde ich wohl nicht wiedersehen. Ach Gott, ich ginge gern darum zu Fuß nach Göttingen, wenn es anging. Anna, Du weißt, wie lieb ich Straube immer gehabt habe, die anderen wissen es auch, ich habe nie ein Geheimnis daraus gemacht.

Schon in Hülshoff habe ich oft gesagt, er wäre mir lieb wie ein Bruder, und im Grunde war er mir lieber als meine beiden Brüder, aber ich hielt es ehrlich für Freundschaft. Wenn ich mir oft große Reichtümer träumte, was fast alle Tage geschah, so war mein Hauptgedanke, Straube immer um mich zu haben, und nun meint er wohl, ich hätte ihn nie liebgehabt. O Gott! Er hat recht, es zu glauben, ich kann ihm den abscheulichen Gedanken nicht nehmen, das ist mein ärgstes Leiden...

Anna, ich bin ganz herunter, ich habe keine auch nur mäßig gute Minute. Dass Deine Geschwister mich verlassen, danach frage ich - unter uns gesagt - jetzt nichts, obschon es mir sonst gewiss sehr betrübt gewesen wäre, ich denke immer nur an Straube. Um Gottes Willen, schreib mir doch, was macht er? Ihr wisst nicht, wie unbarmherzig Ihr seid, dass Ihr mir nichts sagt. ...

...Ich bin zuweilen etwas wild, wenn ich mal nicht an Straube denke, sondern nur wie Ihr jetzt blindlings auf mich los hackt. Aber das kommt selten, denn ich denke Tag und Nacht an Straube. Ich habe ihn so lieb, dass ich keinen Namen dafür habe. Er steht mir so mild und traurig vor Augen, dass ich oft die ganze Nacht weine und ihm immer in Gedanken vielerlei erkläre, was ihm jetzt fürchterlich dunkel sein muss. Ach Gott, wenn ich ihm nur schreiben dürfte, dann wüsste ich noch wohl allerhand, was ich ihm allein sagen kann..." *Wehrden, Dezember 1820*

Die hauseigene Droschke bekam in der Folgezeit viel zu tun, wenn Annette flüchtete.

Die Flucht erschloss das Rheinland, den Bodenseeraum, sie führte die Baronin auf Rheinschiffe und in die erste dampfende Eisenbahn. Ihr Blick weitete sich. Das Gedicht „Unruhe" von 1816 trat wie ein alter Bekannter vor sie hin, bestimmte ihren Lebensplan. Andere gesellten sich dazu und eröffneten neue Perspektiven. Sie schrieb, aber was sie schrieb, blieb in der Kladde zwischen Puffkleidern und Pulverdöschen...

Der Aufbruch der Baronessen Droste war für ihn wie aus heiterem Himmel gekommen. Heinrich Straube stand verloren auf dem Vorplatz des Schlosses und sah der in einer Staubwolke verschwindenden Kutsche nach. Die zum Abschiedswinkern gekommen waren, zogen sich wortlos ins Innere des Hauses zurück. Niemand beachtete ihn. Noch zögerte er, ihnen zu folgen. Immerhin war er an der üblen wortreichen Maskerade beteiligt gewesen. Wahrscheinlich würde man ihm sogar die Hauptschuld an diesem unwürdigen Spektakel geben, denn Arnswaldt, der geschätzte und treu katholische Adelsspross, genoss das Vertrauen der adeligen Mischpoke, wogegen ein protestantischer Student mit Perücke und gelbem Flaus nur eine läppische Randfigur abgeben konnte.

Nun kam es darauf an, unbemerkt in das Dachzimmer zu kommen, um Rucksack und Knotenstock herbeizuschaffen. Während er noch darüber grübelte, wie er hinaufgelangen könnte, ohne gesehen zu werden, erschien Elisabeth mit seinen Sachen an der Hintertür und bedeutete ihm per Handzeichen, ihr schnell zu folgen.

Sie eilten wortlos durch das geräumige Parkgelände, dann, außerhalb der Sichtweite des Schlosses, meinte die Magd: „Ich weiß nicht, ob und wie etwas auf dich zukäme. Aber ich halte es für besser, du bliebest der hohen Herrschaft fern. Der alte Baron fragte soeben, wo du stecktest, doch niemand der Anwesenden, auch dein Freund August nicht, hielt eine Erklärung für nötig. Und so habe ich flugs deine Sachen geholt. Es gibt hier einen Gasthof, in dem du bis morgen bleiben könntest. Doch wenn du jetzt die Beine in die Hand nimmst, kannst du es vielleicht noch bis Höxter schaffen. Wie du von dort weiterkommst, weißt du ja."

Heinrich, danke, er fand keine Worte für das, was geschehen war, zu kommentieren. Er schnappte seine Sachen und rannte davon. Doch dann stutzte er, kam zurück und umarmte Elisabeth. „Möge Gott dir eine gute Zukunft schenken, auch wenn sie nicht meinen Vorstellungen von dem entspricht was du verdienst. Leb wohl!"

Straube sah sich nicht mehr um.

Elisabeth sah ihm sekundenlang nach. In ihren Augen schimmerten Tränen. Sie ahnte, dass er nie wieder nach Bökendorf zurückkehren würde...

Die Wochen verstrichen. Wenn er sich an den Abschied erinnerte, so entstand vor Heinrichs Augen ein schwarzes Loch. Er entsann sich, dass er blindlings in den Tag davon gestiefelt war, ohne auf Fuhrwerke, die ihn möglicherweise ein Stück hätten mitnehmen können, zu achten. Er suchte Abkürzungen, lief querfeldein, orientierte sich nur an der Sonne und ihrem Stand, und kam rechtzeitig vor dem Dunkelwerden in Höxter an. Hier musste er übernachten. Geld dafür besaß er nicht. Er entsann sich, dass der Friedensrichter Paul Wigand mit den Brüdern Haxthausen und Grimm gelegentlich zu tun gehabt hatte und klopfte bei ihm an. Gesellig wie er war, ließ Wigand den späten Gast herzlich willkommen. Er scheuchte seine Magd, das

Fremdenzimmer herzurichten, was allerdings nicht viel Mühe breitete, denn es stand immer für auswärtige Besucher bereit. Sie kamen, so spät es war, bald auf das opulente Werk Wigands „Die Geschichte der gefürsteten Reichsabtei Corvey" zu sprechen, das kurz zuvor erschienen war und unter Fachleuten hochgelobt wurde. Wigand köpfte eine Flasche Wein, und da Straube, um seinem Schmerz über die letzten Stunden Herr zu werden, dem Rebensaft erwartungsvoll zusprach, ließ der Gastgeber auch eine zweite Flasche aus dem Keller holen. Weit nach Mitternacht fielen beide in einen bleiernen Schlaf. Doch während Wigand dem neuen Tag befriedigt entgegen schlief, träumte Heinrich, er säße verzweifelt über der Geschichte des Algerier-Sklaven und wüsste nicht, welches Schicksal ihn mehr anging, das dieses mörderischen Mannes oder das der ihn schmählich getäuschten Baronesse von Hülshoff...

Junge Liebe
Über dem Brünnlein nicket der Zweig,
Waldvögel zwitschern und flöten,
Wild Anemon' und Schlehdorn bleich
Im Abendstrahle sich röten,
Und ein Mädchen mit blondem Haar
Beugt über der glitzernden Welle,
Schlankes Mädchen, kaum fünfzehn Jahr,
Mit dem Auge der scheuen Gazelle.

Ringelblumen blättert sie ab:
„Liebt er?" - „liebt er mich nimmer?"
Und wenn „liebt" das Orakel gab,
Um ihr Antlitz gleitet ein Schimmer:
„Liebt er nicht" - o Grimm und Graus!

Dass der Himmel den Blüten gnade!
Gras und Blumen, den ganzen Strauß,
Wirft sie zürnend in die Kaskade.

Gleitet dann in die Kräuter lind,
Ihr Auge wird ernst und sinnend;
Frommer Eltern heftiges Kind,
Nur Minne nehmend und minnend,
Kannte sie nie ein anderes Band
Als des Blutes, die schüchterne Hinde;
Und nun Einer, der nicht verwandt -
Ist das nicht eine schwere Sünde?

Mutlos seufzet sie niederwärts,
In argem Schämen und Grämen,
Will zuletzt ihr verstocktes Herz
Recht ernstlich in Frage nehmen.
Abenteuer sinnet sie aus:
Wenn das Haus nun stände in Flammen,
Und um Hilfe riefen heraus
Der Karl und die Mutter zusammen?

Plötzlich ein Perlenregen dicht
Stürzt ihr glänzend aus beiden Augen,
In die Kräuter gedrückt ihr Gesicht,
Wie das Blut der Erde zu saugen,
Ruft sie schluchzend: „Ja, ja, ja!"
Ihre kleinen Hände sich ringen,

„Retten, retten würd' ich Mama,

Und zum Karl in die Flamme springen!"

Was geschehen war, war schmerzlicher als ein Dolchstoß. Und dennoch: Worauf hätte er, Heinrich Straube, sich denn verlassen können? Was passiert war, hätte über kurz oder lang doch geschehen müssen: Eine Verbindung zwischen einer adeligen Dame und einem Bürgerlichen, dazu einem mittellosen, grundhässlichen und außerdem noch evangelischen Mann, hätte nie eine Zukunft gehabt. Je früher der Bruch nun eingetreten war, um so endgültiger war dieser verzweifelten Liebe ein Ende beschert. In seinem geflickten Rock verwahrte Straube noch immer das Briefchen, ungeöffnet und wie durch das Schleifchen versiegelt, das ihm Annette zugesteckt hatte. Er hatte es nicht zu öffnen gewagt und es drängte ihn auch jetzt nichts, es zu tun.

August von Haxthausens Fassung der Kriminalgeschichte kam ihm aus der Rückschau nicht spannend genug vor. Es fehlte ihr der Kick, wie man sagt, das Interesse, sich das nächste Kapitel einzuverleiben, aber sich darüber Gedanken zu machen, war jetzt müßig. Die Zeitschrift war untergegangen wie ein Boot auf der Weser, das schon eine Weile an mangelndem Teer zwischen den kittenden Brettern gelitten hatte. Er würde das Schicksal dieses Winckelhan anders angehen, nicht die reinen Fakten aneinanderreihen, sondern auch etwas Herzblut einfließen lassen. Diese Eigenmächtigkeit konnte ihm die Freundschaft kosten. Aber die war nach den Vorfällen in Bökendorf ohnehin brüchig geworden. August hatte, wahrscheinlich aus Unkenntnis der wahren Lage gegen Annette Partei ergriffen und das war in Straubes Augen keine Basis für den Fortbestand einer wahren Freundschaft. Er glättete die Bögen der umgearbeiteten Erzählung, tütete sie ein und schickte sie auf dem schnellsten Weg zum Verlag. Er wollte die Geschichte auf eigene Kosten drucken lassen, auch wenn ihm das finanzielle Desaster den Schlaf raubte.

Im Dezember 1821 verfasste die unruhige und noch nicht zur Ruhe gekommene Annette einen Brief an ihre Bökendorfer Großmutter, in dem sie schrieb: „Ich möchte wohl wissen, ob es jetzt auch bei Ihnen so ganz seltsam in der Natur aussieht wie hier, es sind in dieser Woche schon zwei Gewitter gewesen, das eine so heftig mit Donner und Hagel wie mitten im Sommer (gestern Abend) und in dieser und der vorigen Woche dreimal ein Nordlicht, was ich noch nie gesehen hatte, ich habe es auch jetzt zweimal nicht gesehen, weil es sehr spät war und unsre Leute nichts davon sagten, erst das letzte Mal, vor etwa vier Tagen, riefen sie mich dazu, und ich, Tony und Elise, die andern haben es gar nicht gesehen, und auch wir kamen zu spät, so dass es nicht mehr aussah wie Feuer, sondern wie der Abendschein, der noch wohl nach Sonnenuntergang eine Stunde bleibt, doch habe ich noch ein paarmal gesehen, wie es über den ganzen Himmel fuhr, wie wenn es ausgegossenes Wasser war, und dann wieder zurück und zuletzt in lauter lange weiße Streifen, wie die Milchstraße, auseinander schoss. Es sieht sehr wunderlich aus und anfangs soll es sehr schön gewesen sein.

Das Gras ist hier überall so grün wie mitten im Sommer, und vorgestern hat Werner ein Vergissmeinnicht gebracht und gestern, da er nach Havixbeck ging, ein völlig blühendes Veilchen gefunden, was wir aber nicht gesehen haben, da er es der Frau von Twickel geschenkt hat. ...

Leben Sie wohl, beste Großmutter, ich küsse Ihre lieben Hände und bitte dem lieben Großvater und allen übrigen Angehörigen zu empfehlen
Ihre gehorsame Enkelin Nette."

Als der Probeausdruck aus der Druckerei eintraf, zog sich Heinrich Straube in die Waldeinsamkeit zurück. Er sagte nicht, in welche Richtung er gehen würde, nur, dass er bis zum Abend zurück sei und man notieren solle, falls jemand etwas von ihm verlange. Er lehnte sich an einem schattigen Platz gegen eine Eiche, in der die Insekten surrten und begann zu lesen:

Als der Baum fiel, starrten alle betreten auf die Stelle, wo er niedergegangen war. Einige Zweige wippten noch, die dickeren Äste trotzten starr in der Haltung, in die sie der Fall gebracht hatte. Einer der Männer beugte sich über den Stamm, als suche er etwas. Seine Augen tasteten die Astlöcher und Ritzen ab wie ein Arzt nach einem versteckten Geschwür. Nein, die Haut des Baumes war lupenrein.

„Wahrscheinlich herausgewachsen", sagte der Mann zu seinem Nachbarn, der eine Försterkleidung trug. „Was die Juden seinerzeit hineingeschnitten haben, existiert nicht mehr."

Der alte Förster stelle seine Flinte an einen Baum und beugte sich jetzt ebenfalls über den Stamm. „Die Weissagung der Altvorderen hat sich erfüllt", nickte er nach einer Weile. „Wozu sollten die Buchstaben auch jetzt noch dienen.?"

„Vielleicht war es ein Fluch", meinte einer der Männer. „Bei den Juden muss man zweimal hinhören, was sie wirklich meinen."

„Es waren dunkle Zeichen", äußerte ein weiterer Zeuge. „Was sie tatsächlich bedeutet haben, weiß der Teufel."

„Oho, man weiß sehr genau, was sie aussagen sollten. Zumindest was die Juden damit bezwecken wollten."

Der Herbstwald atmete tief. Die Männer spürten, wie der Wind sanft über ihre Gesichter fuhr, als wollte er ihre Gemüter beruhigen. Hier reihte sich Buche an Buche.

Ein schöner gepflegter Wald. Schade nur, dass ihm die Holzdiebe nachts oft zu Leibe rückten und die besten Stämme fällten. Mit dem trockenen Grundholz zum Anfeuern gaben sie sich nicht zufrieden. Sie brauchten Bauholz für Häuser und Ställe und sie bedienten sich, wo es ihnen passend erschien, auch wenn sie Eigentumsrechte verletzten.

Jetzt fühlte sich der Förster aufgefordert, ein paar passende Worte zu dem Vorgang zu sagen. „Also, mein Großvater erinnerte sich, als sei es gestern gewesen. Die Juden kamen zum Drosten und sagten, sie hätten eine große Bitte an seine Gnaden. ‚Nur heraus damit', sagte der Herr von Haxthausen. ‚Euer Gnaden muss es uns aber nicht übel nehmen. Da ist der Baum, unter dem unser Bruder ist erschlagen worden. Da wollen wir Euer Gnaden bitten, in den Baum unsere Zeichen hinein schneiden zu dürfen. Wir wollen es auch gern bezahlen.'"

„Tut das in Gottes Namen, soviel ihr wollt", erwiderte der Droste. „Dem Baum wird es nicht schaden. Aber was wollt ihr denn drein schneiden? Dürfte er mir das nicht sagen?"

Die Juden drucksten eine Weile herum, bevor der Wortführer erwiderte: „Wenn es Euer Gnaden nicht übel nehmen wollen, hier, unser Rabbi, wird unsere hebräischen Zeichen hineinschneiden, dass der Mörder, den unser Gott finden wird, keines rechten Todes sterben soll."

Einen lähmenden Augenblick lang war es still. Man hörte das Flüstern des Windes. Über ihrem Horst kreiste eine Gabelweihe.

„So ist also eingetreten, was der Rabbi ins Holz geschnitten hat. Keines rechten Todes..."

„Wenn du den Selbstmord meinst, ja", nickte der alte Förster.

„Mein Großvater wusste noch, wie der Jude auf der Totenbahre lag und alle auf seine Wunden starrten. Doch die Wunden öffneten sich nicht, es floss kein Blut."

Der Förster machte eine abwehrende Handbewegung. „Aberglaube", sagte er zum Knecht des Habichtshofes. „Aber der Jude bekam ein ehrliches Begräbnis."

„Und der Mörder schließlich auch."

Ja, das war so eine Geschichte mit diesem Bauernlümmel Hermann Johannes Winckelhan oder Winckelhannes aus Bellersen. Eigentlich ein tüchtiger, frischer Bursche von 18 Jahren, mit dem sein Brotherr, der Bauernvogt von Ovenhausen, durchaus zufrieden war. Aber dann bekam Hermann im Herbst 1782 Streit mit dem Schutzjuden Soestmann-Berend, genannt Pinnes, aus Vörden, wohnhaft in Ovenhausen, und plötzlich stand die Welt in Flammen.

„Entschuldige", sagte Pinnes bei einem flüchtigen Zusammentreffen auf der Dorfstraße, „du erinnerst dich, dass du bei mir Stoff für ein Kamisol bestellt, aber noch nicht bezahlt hast. Darf ich dich freundlichst an die offenstehende Summe erinnern?" Ein Kamisol war eine Art Weste und konnte bis an die Knie reichen. Es hatte einen niedrigen, stehenden Kragen und Knöpfe auf der Vorderseite. Form und Stoffart richteten sich gewöhnlich nach dem dazu getragenen Überrock.

Winckelhan fuhr aus der Haut. „Was willst du, Judenbengel! Ich hätte nicht gezahlt? Für dieses schlechte und schon etwas abgetragene Tuch hast du verlangt, dass es einem schlecht wird, die Summe zu nennen. Zudem sind wir übereingekommen, für die Elle zwei gute Groschen zu zahlen und die hast du bekommen."

In den schwarzen Augen des Juden brannte das Feuer. „Was hätte ich? Nichts habe ich bekommen. Willst mich wohl übers Ohr hauen, was?"

Winckelhan machte einen drohenden Schritt auf Pinnes zu. Der wich vor der Wut seines Gegners zurück.

„Du hast nicht gezahlt, Hermann, das weiß ich. Es steht in meinem Notizbuch, in dem die Verkäufe verzeichnet sind."

Hermann stemmte die Fäuste in die Seiten. Die Fingerknöchel waren weiß vor Wut. „Du verfluchter Ausbeuter von Juden, willst du mir drohen? Ehe ich dir einen halben Taler in den Rachen schmeiße, will ich mir lieber den kleinen Finger abbeißen, und wenn du mir nochmal kommst, schlag ich dir die Jacken so voll, dass du alle Tage deines Lebens an mich denkst."

Nein, das klingt ja vornehm: Hermann hat ganz anders gesprochen. „Du verflogte Schinnerteven von Jauden, du wust mi man bedreigen, eh ek di den halven Daler in den Rachen smite, well mi leiver den kleinen Finger med den Tännen afbiten, un wann de mi noch mal kümmst, so schla ek di de Jacken so vull, dat du de Dage dines Levens an mi denken sast."

Pinnes wollte die Situation nicht noch mehr aufheizen, er schnappte seine Kiepe und trollte sich. Doch den Verlust seiner Einnahmen gedachte er keinesfalls widerstandslos hinzunehmen. Auch wenn er wie seinesgleichen als ortsansässiger Schutzjude manche Trübsal und Benachteiligung erleiden musste, wenn er sich nicht wehrte, würde das Unrecht Hausrecht bekommen und dann ging es ihm auch bei anderer Gelegenheit an den Kragen.

Pinnes sprach beim Drosten, dem Herrn von Haxthausen vor, dem auch die Gerichtsbarkeit für die Dörfer östlich des Eggegebirges oblag, und verklagte Hermann Winckelhan aus Ovenhausen wegen nicht gezahlter Schulden.

„Das ist mutig von dir, Pinnes, aber ob es dir hilft?"

„Wenn 's gegen einen Juden geht, hält das Christenvolk zusammen."

„Das Recht hier ist auf Seiten des Stärkeren, vergiss das nicht."

Die wenigen jüdischen Mitbürger, die in den Dörfern der Haxthausenschen Gerichtsbarkeit lebten, machten Pinnes wenig Hoffnung, zu seinem Recht zu kommen. Inzwischen stachelten die christlichen Burschen gegen den Juden, gaben allerhand Ratschläge, und fanden willige Nachahmer. Auch der Bauernvogt aus Ovenhausen schlug sich auf Hermanns Seite. „Ei wat wust du denn dat bethalen, eck schlöge ja leiver den Jauden vorm Kopp, dat hei den Himmel vor 'n Dudelsack anseihe, et is ja man 'n Jaude!"

Damals lebten in Bellersen vier Juden, in Bökendorf einer. Der gesamte Kreis Höxter hatte damals an die 50850 Einwohner, davon etwa 44000 Katholiken, 5500 Protestanten und 1300 Israeliten. Die im 16. Jahrhundert eingewanderten Juden ließen sich zunächst nur in den Städten nieder und verteilen sich von hier aus in die ländlichen Regionen. Die Gerichtsverhandlung am 10. Februar 1783 unter dem Vorsitz des Gerichtsherrn Caspar Moritz von Haxthausen und im Beisein des Gerichtsverwalters J. F. A. Stamm in der „alten Rentei" der Abbenburg gewann das große Interesse der Dörfler. Es kam so gut wie niemals vor, dass ein Schutzjude einen Bewohner seines Umfeldes verklagte. Umso mehr verwunderte es, dass Pinnes in aller Ruhe sein Annotirbuch hervorzog und dem Herrn von Haxthausen als Gerichtsherrn der Region anhand der Eintragungen einwandfrei belegen konnte, dass die offene Rechnung des Hermann Winckelhan nachweisbar war. Der Richter ließ keine Einwände seitens des Beklagten gelten. Er verurteilte ihn zur Zahlung des gesamten ausstehenden Preises.

So blamiert vor einem Juden zu stehen, war ein ungeheuerlicher Vorgang. Man mochte den Richterspruch noch so heiß diskutieren, er behielt seine Gültigkeit. Als der damals 18-jährige Winckelhan den Gerichtsraum verließ, wollen manche seinen Fluch gehört haben: „Töf, eck will di kalt maken!" Später haben die Leute verstanden, was diese Worte bedeuteten...

Bei einbrechender Dunkelheit dieses denkwürdigen Tages ging der Förster Schmidts übers Feld auf Bökendorf zu, als er Hermann Winckelhan den Berg hinauf zum Wald in Richtung Joelskamp/Ostertal gehen sah.

Ha, will der Kerl etwa so spät noch Holz stehlen? Hab ich nicht genug zu tun mit diesen Lumpen, die fast jede Nacht hier herum stromern und sich die Wagen und Kiepen vollpacken? Der Förster blieb dem Mann auf den Fersen. Doch Winckelhan ging nur noch ein paar Schritte, dorthin, wo die jungen kräftigen Buchen stehen, die gerade volle Mannshöhe erreicht haben. Dort schnitt er sich in aller Ruhe einen kräftigen Knüppel zurecht, befreite ihn von Astwerk und Laub und setzte seine Wanderung fort. Verdammt, dachte der Förster, wenn du nichts anderes tun wolltest als dir einen Knüppel zurechtschneiden, hättest du mich nicht den Berg hinauf hetzen sollen.

„Wenn du wieder nix wult hättest, ase dat, so häddest du mi auck nich bruken dahenop to jagen." Nun hängte er sich die Flinte, die er in Alarmbereitschaft unter dem Arm getragen hatte, wieder über die Schulter und machte sich auf den Heimweg.

Zwischen den Gärten begegnete ihm der Schutzjude Soistmann Berend, genannt Pinnes.

„Na, lieber Jud, noch so spät unterwegs?"

„Ja, Herr Förster. Es war ein langer Tag. Ob Ihr mir wohl Feuer für meine Pfeife geben wollt? Sie will einfach nicht brennen."

„Das werden wir gleich haben, Pinnes. Herrjeh, ist der Tabak feucht? Die Flamme will nicht recht Fuß fassen. Nun, das werden wir gleich haben."

„Habt Ihr gute Geschäfte gemacht?"

„Ich darf nicht klagen, Herr Förster. Nun ja, die Zeiten waren schon mal besser."

„Gewiss, Pinnes. Ach, wenn du meine Fuchsfelle haben willst, so lass es mich wissen." Pinnes fühlte sich durch das Angebot geehrt, doch kam es ihm zeitlich nicht passend. „Ich kann jetzt nicht wieder umkehren und mit Euch gehen, Herr Förster. Ich muss nach Hause."

„Recht hast du. Nun sieh, die Pfeife brennt. Wenn du noch nach Hause willst, so beeile dich, damit du vor Dunkelheit noch durchs Holz kommst. Die Nacht meint es nicht gut mit den Menschen."

„Wenn du noch nach Huse wust, so mak dat du vor der Dunkelheit dorch `t Holt kömmst, de Nacht meint es nich gut med den Minschen."

Pinnes dankte, dankte nochmals, er zog ein paarmal kräftig an seiner Pfeife, bis die Glut im Kopf rot aufleuchtete. Dann stiefelte er davon.

Es geschah nicht viel zwischen Schlaf und Arbeit, Arbeit und Schlaf. Die Rücken beugten sich über die Kartoffelhörste der frühen Sorte, während die Schnitter die Halme der Ähren sensten. Zwischendurch hörte man das Dengeln, eine eintönige blecherne Musik. Der Rauch der brennenden Kartoffelsträucher zog durch das Tal. Zwei, drei Männer waren schon mal in der Kreisstadt gewesen, in Höxter, sie erzählten voller Begeisterung von den Schiffen, die auf der Weser talwärts fuhren, Steine aus den Brüchen des Sollings als Gepäck. Die mächtige St. Vituskirche mit den zwei das Tal beherrschenden Türmen hatte sie in ehrfürchtiges Staunen versetzt, und die wie eine Glucke im Zentrum der Stadt hockende Dechanei mit ihren bunten Verzierungen im Stil der Weserrenaissance - wie man ihnen erklärt hatte -, erschien ihnen schöner als die Schlösser der Herren von Haxthausen in Bökendorf und Vörden, Abbenburg und Thienhausen.

Doch dann ereignete sich etwas... Es war kurz nach dem 13. Februar 1783: Die Frau des Schutzjuden Pinnes, die 38jährige Jente, kam aufgeregt den Höxterschen Weg von Ovenhausen heruntergerannt, schreiend und heulend.

„Mein Mann liegt erschlagen im Joelskamp!"

Die Leute liefen zusammen, starrten auf die verzweifelte Frau, die sich die Haare raufte und zum Haxthausenschen Gericht rannte. Manche riefen ihr ein Trostwort nach. Der Droste Caspar Moritz von Haxthausen war ein ruhiger Mensch, den nichts so schnell aus der Haut fahren ließ. Er bot der Frau einen Platz an und forderte: „Nun, mal alles der Reihe nach. Was ist geschehen?"

Die Frau schluchzte, stammelte, blies in ihr Schnupftuch, bis sie sich halbwegs gesammelt hatte.

„Vorgestern ist mein Mann nicht nach Hause gekommen, auch gestern nicht. Als er auch heute Morgen nicht erschien, habe ich mich aufgemacht um hier zu fragen, welchen Weg er wohl nach Hause genommen habe."

Ein abermaliges Schluchzen unterbrach die Klagen. Dann, als sie sich wieder gesammelt hatte und den aufmunternden Blick des Richters wahrnahm, fuhr die Frau fort: „Als ich durchs Holz kam, sah ich auf einem Fleck viel Blut liegen. Und eine Spur führte ins nahe Gebüsch. Der bin ich gefolgt, weil ich dachte, dort liegt vielleicht ein angeschossenes Wild. - nein, mein Mann war es, der dort lag. Tot!"

Inzwischen waren einige Männer, darunter der Förster Schmidts, zum Wald aufgebrochen. Nach geraumer Zeit brachten sie den Toten auf einer Bahre aus Ästen und Zweigen nach Bökendorf. Wie sich herausstellte, hatte Pinnes auf den ersten Blick siebzehn Schläge mit einem Knüppel erhalten. Die Hirnschale war zersprengt, doch ein Schlag ins Genick und ein paar in die Rippen hatten zu seinem Tode geführt. Die Haut von beiden Händen war abgeschält, ein Zeichen, dass der Schutzjude sich gegen den Knüppel gewehrt, sein Mörder ihm aber das Mordinstrument jeweils mit aller Gewalt entrissen hatte. Etwa hundert Schritte von der Leiche entfernt entdeckte Förster Schmidts auf dem Wege nach Ovenhausen rechts im Graben den Totschläger. Da erinnerte er sich an den Prozess und an die Worte des Hermann Winckelhan: „Ek will di kalt maken."

Der Tote war ausgeraubt, Geld, Wertsachen und Papiere wurden nicht gefunden. Konnte ein anderer den Diebstahl begangen haben? Immerhin lag die Leiche zwei volle Tage an ihrem Fundort. Der Winter 1783 war mild, es fiel kein Schnee, der

Himmel war meist bedeckt. Manchmal regnete es auch. Vom Gericht kam der Befehl, den Mörder zu arretieren. Doch da Winckelhan seit ein paar Tagen bei seinem Arbeitgeber, dem Bauernvogt in Ovenhausen, nicht erschienen war, verbreitete sich das Gerücht, er sei bei seinem Vater in Bellersen. Der Richter selbst setzte sich mit einem Reitknecht zu Pferde, um die Verhaftung vorzunehmen.

„Hör zu, ich reite vom oberen Ende in das Dorf ein, du von der Gegenseite. Wir treffen uns in Bellersen am Elternhaus des Mörders."

Verwegene Gesichter starrte die Reiter an. Ob sie ahnten, wo sich Hermann versteckte? Der Herr von Haxthausen wusste, dass er hier keine Auskunft erhalten würde, selbst wenn er sie aus den Männern heraus prügeln müsste. Bellersen und die Herrschaft Haxthausen lagen seit Jahrhunderten im Streit wegen der Holznutzung in den Wäldern. Wie sich bald herausstellte, war der Mörder nicht auffindbar. Er hätte sich wohl auch nicht freiwillig gestellt.

„Mein Sohn?" Der alte Winckelhan zuckte die Schultern. „Woher soll ich wissen, wo er sich aufhält? Er ist schon längst fort und weiß der Kuckuck wohin."

Der Alte log so gekonnt, dass man meinen konnte, er habe sein Lebtag nichts anderes getan. Sein Gesicht, das die Furchen der schweren Landarbeit trug, verriet nicht die leiseste Regung. Denn Hermann befand sich durchaus noch in der Nähe. Allerdings hatte er seinen Vater nicht über den Mord unterrichtet, sondern gesagt, er habe Streit mit seinem Brotherrn in Ovenhausen bekommen und den Dienst quittiert. Erst als die Nachricht vom Judenmord die Runde machte, bekannte er sich zu seiner Schandtat.

Als Hermann die Gesetzeshüter ins Dorf einreiten und den Gerichtsdiener vor dem Haus vom Pferd springen sah, entkam er durchs Fenster in den Garten und hockte sich zwischen die Stangenbohnen. Von dort konnte er jedes Wort hören, was der Droste mit seinem Vater sprach. Einmal sah er den Gerichtsherrn, der trotz seiner 79 Jahre noch ein begeisterter Reiter war, durchs Fenster in den Garten spähen und bekam höllische Angst; er hätte ja seine Fußabdrücke sehen können, die er beim Sprung aus dem Fenster hinterlassen hatte. Da gelobte er, barfuß nach Werl zu wallfahrten, wenn er nicht erkannt würde. Und in der Tat, er fühlte sich von der Mutter Gottes erhört. Als die Stimmen schließlich verstummten, wagte sich Hermann aus seinem Versteck und erörterte die Lage. Zwei Personen gingen am Gartenzaun vorbei. „Da häwwet se en!" sagte die eine, worauf die andere erwiderte: „Ach wat willt se'n häwwen, de is längest öwer alle berge. Wo sull he denn wal hen lopen sin? Ach was weit eck, na Ueßen, na Prüßen, na Duderstat hen!"*

*Redensart wenn jemand weit geflohen ist.

.

Derweil redete der Vater seinem Sohn ins Gewissen. „Wie konntest du so leichtsinnig sein und dem Saujuden aufzulauern! Eine Tracht Prügel, ja, aber ihn gleich tot zu schlagen?"

„Hatte ihm nur ein paar Hiebe verpassen wollen, aber als er da vor mir stand, seine stechenden Fischaugen auf mich gerichtet, da ist es über mich gekommen. Da stand ich wieder vor Gericht und sah mich bis auf die Knochen blamiert. Ich konnte nicht anders, ich musste weiter prügeln."

Der Vater ging unruhig in der Stube auf und ab. Die Fußbodenbretter knarrten, so fest war sein Schritt.

„Und jetzt? Was willst du jetzt tun? Wenn du dich hier in der Gegend herumtreibst, wird man dir eines Tages auf die Spur kommen, und dann machst du Bekanntschaft mit dem Galgen."

„Sie werden mich nicht kriegen, das schwör ich dir, Vater. Ich geh ins Ausland. Aber mehr verrate ich dir nicht, damit sie dich nicht festnageln können. Du weißt von nichts und sollst auch nichts wissen."

Derweil machte sich sein Arbeitgeber, der Bauernvogt in Ovenhausen, Vorwürfe, weil er seinem Knecht vor dem Prozess geraten hatte: „Ein, wat wust de denn dat bethalen, eck schlöge ja leiver den Jauden vörm Kopp, dat hei den Himmel vor 'n Dudelsack anseihe, et is jaman 'n Jaude!"

Hermann Winckelhan kramte in seiner Schlafstube ein paar Sachen zusammen, bekreuzigte sich am Weihwasserbecken und machte sich auf den Weg nach Werl. Einen Augenblick überlegte er, ob er dem Grab seiner Mutter einen Abschiedsbesuch machen sollte, doch das kostete Zeit, und Zeit hatte er nicht. Er verließ über Gärten und Zäune das Dorf und schlich im Schutz der Dunkelheit auf den „kleinen Kiel" zu. Vom Strickberg blickte er noch einmal zurück, sah die Lichter in den Häusern von Bellersen flackern und es war ihm ganz wehmütig zu Mute. Die wirst du wohl nie mehr wiedersehen, schoss es ihm durch den Kopf. Er hörte die Hunde bellen. Da zog er Schuhe und Strümpfe aus und machte sich den Rosenkranz betend auf den Weg ins Lippische hinein. Der zunehmende Mond, etwa Dreiviertel voll, erleichterte ihm den Marsch durch die Nacht und half ihm auch auf den Wegen durch den Wald zum zügigen Vorwärtskommen.

Am zweiten Abend kam er in der Wallfahrtstadt an. Hermann verbrachte die Nacht in einem Winkel der Kathedrale, am folgenden Morgen besuchte er den Gottesdienst, beichtete und kommunizierte. Ob ihm der Beichtvater geraten hatte, sich zu stellen? Ob er das Verbrechen überhaupt zur Sprache gebracht hatte? Er besaß noch einen halben Gulden, den warf er der Mutter Gottes in die Opferkasse. Da sei es ihm ganz leicht ums Herz geworden, berichtete er ein Vierteljahrhundert später. Als er aus der Kirche kam, ging die Sonne gerade auf und schien durch die Bäume des benachbarten Friedhofes. Da meinte er, alle Schatten liefen nach Holland, und denen folgte er, bis er schließlich dort ankam.

Der Judenmord sprach sich in den Dörfern herum, erreichte auch die Stiftsdame Wilhelmine Antoinette von Haxthausen in Freckenhorst, die sich am 3. März 1783 an ihren Bruder Caspar Moritz von Haxthausen, den Inhaber der Patrimonialjustiz, wandte. Sie schrieb nach Abbenburg:

„Freckenhorst, den 3ten mertz 1783
Herzlieber Bruder, aus deinem wertesten Schreiben vom 24ten Febr., welches ich heut empfangen, ersehe mit Vergnügen eurer allerseits beständiges Wohlsein, wovor ich auch den Allerhöchsten zu danken habe, die 70 Rtl habe zu gleich richtig erhalten, ich danke dir lieben Bruder für die Bezahlung die Quittung kommet hierbei - mein Gott, was ist es eine schreckliche Mordtat, welche der Bauer an den armen Juden verübt, ich entsetze mir, wann nur dar auf gedenke den Täter wird noch endlich aufgefangen werden. Man höret hier im Land auch vieles von Stehlen und Übels, aber von einer so grausamen Mordtat Gottlob nicht, in Münster haben sie noch kürzlich die Überwasserkirche bestohlen, und auch noch mehrere Kirchenraub, sie meinen noch die Täter zu bekommen, die Erbschaft vom seligen Fürsten an den Oberstallmeister von Westphalen solle gewiss sehr ansehnlich sein, adieu lieber Bruder ich befehle mir in deiner brüderlichen Affektion und bin lebenslang mit aufrichtigen Herzen nebst meine Befehlung an deine Frau meines lieben Bruders getreue ergebene Schwester WA von Haxthausen".

Nordwestlich von Ovenhausen, auf einem mit Eichen bepflanzten Gelände des Breitenberges, befand sich der jüdische Friedhof. Als man Soistmann Berend dort Mitte Februar 1783 bestattete, trauerte der Himmel. Die Wolken hingen tief, es regnete. Der Weg vom Trauerhaus bis zum Begräbnisplatz betrug etwa zwei Kilometer und führte über einen schlechten, jetzt von Pfützen gesprenkelten Weg zum Ziel. Zwischen den Bäumen war ein Grab ausgehoben. Der Corveyer Landrabbiner Moses Mendel Levi sprach die Totengebete. Ob ein Verwandter des Ermordeten das „Kaddisch'" anstimmte, das Totengebet, das auch im Augenblick tiefster Trauer Gott lobt, ist nicht überliefert.

„Erhoben und geheiligt werde sein großer Name auf der Welt, die nach seinem Willen von Ihm erschaffen wurde - sein Reich soll in eurem Leben in den eurigen Tagen und im Leben des ganzen Hauses Israel schnell und in nächster Zeit erstehen. Und wir sprechen: Amein!

Sein großer Name sei gepriesen in Ewigkeit und Ewigkeit der Ewigkeiten. Gepriesen sei und gerühmt, verherrlicht, erhoben, erhöht, gefeiert, hocherhoben und gepriesen sei Name des Heiligen, gelobt sei er, hoch über jedem Lob und Gesang, Verherrlichung und Trostverheißung, die je in der Welt gesprochen wurde, sprechet Amein!

Fülle des Friedens und Leben möge vom Himmel herab uns und ganz Israel zuteilwerden, sprechet Amein. Der Frieden stiftet in seinen Himmelshöhen, stifte Frieden unter uns und ganz Israel, sprechet Amein."

Bald wühlten Schweine auf dem Friedhof nach Eicheln und Regenwürmern und Kühe fraßen die ersten Triebe des Frühlinggrüns.

Eines Tages sahen die Bökendorfer die Frau des Juden, Jente, in Trauerkleidung zum Gericht gehen. Diesmal kam sie nicht schreiend ins Dorf, sie ging, die Augen gesenkt, durch die ungepflasterten, sandigen Straßen und achtete kaum auf einen Gruß, den man ihr zuwarf. Was sie denn wolle, fragte der Gerichtsdiener auf der Abbenburg. Sie komme in einer ernsten Angelegenheit, die sie nur mit dem Droste besprechen könne.

„Dann musst du warten. Herr von Haxthausen ist in einer dringenden Sache unterwegs. Es kann noch eine Stunde dauern, bis er wieder zurück ist."

„Dann warte ich."

Während sie dort saß, gingen ihr allerlei Gedanken durch den Kopf. Hier hatte ihr Mann, mutig wie er gewesen war, sein Recht bekommen. Es wird ihm nicht leichtgefallen sein, gegen Hermann Johannes Winckelhan aufzutreten, gegen diesen aufgeblasenen Gockel, der sich für einen Schönling hielt, ein freches Maul hatte und der manchem Mädchen ein forsches Gesicht machte. Doch der Richter hatte sich nicht beeindrucken lassen und ein ehrliches Urteil gefällt.

Die Geräusche von draußen ließen erkennen, dass die Ackergeräte für die Frühlingssaat hergerichtet wurden. Die Kühe trabten, noch ein wenig unsicher nach dem langen Winteraufenthalt in den Ställen, muhend im Hof herum, bevor sie der Kuhhirte unter Flüchen und Stockschlägen auf die nahe Weide trieb. Als der Gerichtsherr Caspar Moritz von Haxthausen erschien und der Stalljunge ihm das Pferd abgenommen hatte, begrüßte er Jente mit zuvorkommender Höflichkeit, er fragte nach ihrer Familie und ihren Plänen.

„Deshalb bin ich hier, Euer Gnaden. Mein Mann besaß ein Annotierbuch, das ihm gestohlen wurde oder auf andere Weise verlorenging. Darin war verzeichnet, wer ihm in den Dörfern noch Geld schuldig geblieben ist. Ich möchte auf diese Außenstände nicht verzichten und Euer Gnaden bitten, mir bei der Suche nach den Schuldnern behilflich zu sein."

Der Droste dachte einen Augenblick nach. Während er zum Wandschrank hinüberging, um sich einen Schnaps einzugießen, fragte er Jente, ob sie sich auch einen genehmigen dürfe, doch das lehnte sie entschieden ab.

„Schnaps ist doch koscher, oder etwa nicht?"

„Gewiss, Herr Richter. Aber Schnäpse enthalten hochprozentigen Alkohol, und ich möchte mir die Sinne nicht vernebeln lassen, weil ich an das ausstehende Geld denke." Von Haxthausen schmunzelte. Nachdem er einen kräftigen Schluck genommen hatte, wandte er sich wieder der Witwe zu.

„Könnt Ihr mir wahrheitsgemäß versichern, dass Hermann Winckelhan nicht der Einzige war, der bei Eurem Mann in der Kreide stand?"

Als Jente bejahte, fügte er hinzu: „So werde ich die Schuldner durch öffentliche Bekanntmachungen auffordern, sich zu melden. Ich hoffe nur, dass sie so ehrlich sind und sich ihrer Verantwortung nicht entziehen. Ihr sollt zu Eurem Recht kommen."

Zwei Tage darauf gingen die Gemeindediener durch die Dörfer der Haxthausenschen Gerichtsbarkeit, durch Abbenburg, Altenbergen, Bellersen, Bökendorf und

Großenbreden, und riefen die Leute nach dem Schellengeläut zur Zahlung ihrer geschuldeten Außenstände an das Gericht auf. Auch die Geistlichen nahmen sich von der Kanzel aus der Sorgen Jentes an und appellierten an die Ehrlichkeit und Gewissenhaftigkeit der Menschen.

Die vaterlose Familie stand nicht allein. Die jüdische Gemeinschaft bot Stütze und Halt. Zwar besaß die Frau eines Juden nach dem Talmud kein Recht auf den Besitz ihres Mannes, sondern nur Anspruch auf das, was sie selbst mit in die Ehe gebracht hatte oder was ihr bei der Hochzeit zugesprochen worden war. Erbberechtigt waren Pinnes' Kinder. Da sie nicht mündig waren, bekamen sie einen Vormund, der aus der jüdischen Gesellschaft stammen und kein Verwandter sein durfte. Dem Vorsteher der Corveyer Judenschaft, Joseph Levi aus Bruchhausen, fiel dieses Amt zu. Er war der zweitreichste Jude im Corveyer Land. Sein Vermögen betrug um 1788 ungefähr 5500 Taler. Nachdem er 1802 gestorben war, übernahm der Schutzjude Levi Meyer aus Höxter dieses Amt.

Der Judenmord blieb lange das Gesprächsthema im Land. Was passierte denn schon, außer dem täglichen Holzfrevel, mit dem sich die Herrschaft mit der Bauernschaft herumschlagen musste? Vor allem zwischen den Herren von Haxthausen und der Gemeinde Bredenborn gab es dreihundert Jahre heftige Streitigkeiten um die Holzgerechtsame. Der Wald bot früher größere Existenzmöglichkeiten als in späteren Jahrhunderten. Holzgewinnung, Jagd und erholsame Wandergebiete wie heute bildeten die Ausnahme. Es gab gewerbliche Betriebe wie Glasbläsereien und Kohlenmeiler, die eine Menge Holz verbrauchten. Da es noch keine Steinkohle gab, diente Holz als Brennmaterial. Vor allem aber lieferte der Wald Bauholz. Und hier kam es zu größten Schwierigkeiten. Die „Blaukittel" fällten Bäume, die ihnen passend und lohnend erschienen und standen im ständigen Konflikte mit den Förstern, die vor drohender Gewalt manchmal um ihr Leben fürchten mussten. Der Wald schenkte

Eicheln und Bucheckern für das Borstenvieh. Auf Waldlichtungen weideten Kühe, Ziegen und Schweine. Die Dörfer besaßen das Huderecht auch in herrschaftlichen Wäldern und mussten streng darauf achten, dass die Tiere die jungen Triebe nicht abfraßen. Die „Holzfrevler" wurden mit der Zeit so keck, dass sie ihre Diebstähle, an denen sich auch die Bürgermeister und einmal sogar ein Kaplan beteiligten, nicht nur nachts, sondern am helllichten Tage durchführten. Dem Förster Spiekermann, den in Haxthausenschen Diensten stand, wurde angedroht, dass man ihm die Fenster einschlagen und seine Knochen zerbrechen wolle. Man werde ihn auf einen Bock spannen und „wie ein geschlachtet Kalb" behandeln. Er solle nachts besser zu Hause bleiben und nur tagsüber seiner Aufgaben im Wald nachkommen.

Doch eines Tages kam wieder Leben in den grauen Alltag. Am 12. August 1783, einem Dienstag, machte sich der Bauer Johann Jürgen Sander aus Bökendorf auf den Weg zum jüdischen Ortsvorsteher Joseph Levi in Bruchhausen.

„Hör zu", sagte er, „ich habe hier das Handelsbuch des ermordeten Soistmann Berend. Ich möchte es für fünf Taler an die Erben des Handelsjuden verkaufen."

Levi stutzte, es fehlten ihm die Worte.

„Du weißt, dass dieses Annotirbuch dir helfen kann, die ausstehenden Gelder der Schuldner einzufordern", fuhr der Bauer fort. „Denn ich weiß nicht, ob alle Säumigen dem Aufruf des Gerichtsherrn Haxthausen gefolgt sind und sich gemeldet haben."

„Wie bist du an das Buch gekommen", fragte Levi höchst misstrauisch und neugierig. Doch der Bauer wollte nicht mit der Sprache heraus. Er druckste herum, setzte ein paarmal zum Reden an, dann machte er sich auch gleich auf den Heimweg. Der jüdische Ortsvorsteher und Vormund der Kinder wollte die Sache nicht auf sich beruhen lassen und meldete den Vorfall noch am gleichen Tag den Behörden. Er regte an, dem Sander das Buch abzunehmen und ihn auch gleich zu arretieren, bis er die Herkunft seines Fundes erklärt habe. Der Dorfrichter Spieker erhielt den Auftrag, den Bauern zu verhaften.

„Du nimmst den Schützenführer Krömeken und zwei Schützen mit, damit uns der Kerl nicht durch die Lappen geht."

Auch das Gericht in Bruchhausen war ein Patrimonialgericht unter dem Vorsitz des Freiherrn von Kanne. Sander wurde noch am selben Tag durch den Gerichtshalter Justitarius Böttrich verhört. Der verhaftete Bauer tischte eine unwahrscheinliche Geschichte auf.

„Ich bin immer ein treuer Freund des Juden gewesen. Als ich nun in der vorigen Woche am Montag zwischen elf und zwölf Uhr im Ostertal unterwegs war - ist mir der Schutzjude erschienen!"

„Was?"

„Ja, in dem Waldgebiet zwischen Bökendorf und Ovenhausen."

„Du warst betrunken, oder'?"

„Nein, bei klarem Verstand. Soistmann Berend trug sein Allerweltsgewand, den blauen Rock."

„Hör zu, mein Freund", rief Böttrich ungehalten. „Es ist Erntezeit. Meine Leute sind auf dem Feld, jede Hand wir gebraucht, und ich hätte ihnen längst die Suppe zum Mittag bringen müssen. Stattdessen muss ich mir hier einen Spuk anhören. Komm zur Wahrheit, Mensch, sonst kannst du die Welt durch die Gitterstäbe betrachten."

Johann Jürgen Sander ließ sich nicht einschüchtern. Er schob das auf der Stirn verklebte Haar zurück und hob den Zeigefinger.

„Der Geist hat mich angewiesen, das Handelsbuch zu holen. Es läge da unter dem Baum, etwa zehn Schritte von dem Platz entfernt, an dem der Mord geschehen sei."
„Und dann?", fragte der Richter ungehalten.

„Und dann hat er mir aufgetragen, es seiner Frau, der Jente, zu bringen. Sie würde mir als Finderlohn geben, was ich verlangte."

„Und weiter?"

„Was weiter?"

„Was geschah dann?"

„Ach so. Ja, ich habe das Buch samt anderen Papieren gefunden."

„Und wo sind die - die anderen Papiere?"

„Zu Hause. Ich könnte gehen und sie holen."

„Das könnte dir so passen, du Schlaumeier."

Insgeheim gab Joseph Levi dem Joist Stolte den Befehl, die fehlenden Dokumente aus dem Hause Sanders herbeizuschaffen.

„Gestatte vielmals", sagte der jüdische Ortsvorsteher zum Justitiarius Böttrich und griff nach dem Notizbuch. Joseph Levi blätterte darin. „Wenn ich es recht bedenke, sieht das Buch noch recht frisch aus. Was ich damit sagen will: Wenn es ein halbes Jahr seit dem Mord an seinem Eigentümer im Wald unter Moos und Laub gelegen hätte, sähe man Spuren von Regen und Sturm an ihm. Doch die äußere Beschaffenheit ist wie neu. Also, woher hast du das Buch, Sander? Und noch etwas. Der Tote hatte eine beträchtliche Summe Bargeld bei sich und ebenfalls eine silberne Uhr. Was ist dir darüber bekannt?"

„Vom Geld und der Uhr hat der Geist nichts gesagt", rief der Bauer. „An jenem Mordtag bin ich ins Preußische abgereist. Der den Juden totgeschlagen hat, wird ihm auch die Uhr und das Geld abgenommen haben."

Böttrich und Levi wechselten verständnisvolle Blicke.

„Wohin ging die Reise denn?", erkundigte sich der Richter.

„Nach Herford."

Die Fahrt dorthin und zurück hätte für die damaligen Verhältnisse mehrere Tage in Anspruch genommen.

„Also, es gibt hier so verschiedene Ungereimtheiten, die erst geklärt werden müssen. Die Schützen werden dich in das Gefängnis in Höxter überstellen. Denk derweil, wie du aus der blamablen Geschichte mit dem Geist herauskommt."

Wie die Sache ausging, blieb ungewiss. Es gab verschiedene Vermutungen, wie Sander an die Fundsachen gekommen war, doch der Mörder des Soistman Berend oder ein Beteiligter konnte er nicht gewesen sein. Sonst hätte sich der Hermann Winckelhan nicht fluchtartig auf die Reise ins Ungewisse gemacht. Der einzige Verdacht, der nicht entkräftet werden konnte: Sander hatte die Leiche noch vor Jente im Ostertal entdeckt und ausgeraubt. Beweisen konnte man ihm das nicht und so kam er wieder auf freien Fuß. Johann Jürgen Sander war 45 Jahre alt, als sich die Episode zutrug. Er starb am 30. Juli 1810 im Alter vom 73 Jahren an Altersschwäche und hinterließ vier Söhne. Wahrscheinlich war ihm seine Frau schon in die Ewigkeit vorausgegangen. Er wurde auf dem Friedhof in Bellersen beerdigt.

Jente sah sich unter den freien Männern nach einem neuen Ehemann um. Ihr Auge fiel auf den 1760 in Amelunxen geborenen und fünfzehn Jahre jüngeren Seligmann Salomon, der sich später Seligmann Archenhold nannte. Sein Vater, der 1731 geborene Salomon Seligmann, gehörte mit dem Ortsvorsteher Joseph Levi und dem Vorsprecher Nachmann Meyer zu den offiziellen Vertretern und Führern der Corveyer Juden und war der Reichste in der Corveyer Judenschaft. Jente muss wohl noch eine attraktive Frau gewesen sein, sonst wäre die Ehe sicher nicht zustande gekommen oder vom Vater des Bräutigams hintertrieben worden. Doch die Ehe hatte keinen Bestand. 1788 wurde auf dem sogenannten Judenlandtag das Vermögen der Juden zwecks Zahlung der Schutz- und Neujahrsgelder an den Landesherrn geschätzt. Und dabei zeigte sich, dass der Ehemann längst das Weite gesucht und seine Frau Jente mit 150 Talern an Vermögen auf dem Trockenen hatte sitzen lassen. Später kam er jedoch noch zeitweise zurück. Das Vermögen der Kinder des getöteten Soistmann Berend wurde unabhängig von der Mutter besteuert und mit 850 und 1300 Talern vermerkt.

Seligmann Salomon hatte in Ovenhausen ein relativ kleines Fachwerkhaus, dem vielleicht zeitweise ein kleines Ladenlokal angeschlossen war. Über die Erbauungszeit und den Bauherrn war nichts bekannt, doch es wird immer im Besitz jüdischer Mitbürger gewesen sein. Jentes Mann besaß immerhin den Schneid, es 1805 seinem ältesten damals 28 Jahre alten Stiefsohn Bernd mit Mobiliar, allem beweglichen Gut und einem Baumgarten zu überschreiben. In der Zeit, als Westfalen unter Jerome Bonaparte als Königreich existierte, mussten alle Juden einen Hausnamen annehmen. Die Nachkommen von Soistmann Berend entschieden sich für den Familiennamen Steilberg.

1817 wurde Jente zum zweiten Mal Witwe. Denn am 23. Mai wurde ihr Mann tot aus der Weser gefischt. Der 56-jährige Seligmann Archenhold fand auf dem Judenfriedhof in Höxter sein Grab. War es ein Unfall? Ein Mord? Die Folge dunkler Geschäfte? Jentes Sohn Jacob heiratete nicht, wohnte bei seinem Bruder Bernd und dessen Frau Johanne Dreyer, auch Hanne und Hannchen genannt und aus Kaunitz stammend, bis zu seinem Tode 1849 in dessen Haus. Da war Mutter Jente bereits lange tot. Sie starb am 12. Dezember 1824, fast 80 Jahre alt, an Altersschwäche und wurde auf dem jüdischen Friedhof in Ovenhausen beigesetzt, auf dem 40 Jahre zuvor ihr ermordeter Mann Soistmann Berend sein Grab gefunden hatte. Bernd und Hanne hatten acht Kinder. Bernd starb 1841 in Kaunitz, der Heimat seiner Frau. Das Haus in Ovenhausen erbten seine Witwe und die sechs lebenden Kinder Güdelchen - Jule - Jacob, Zette, Therese - Röschen - und Julie - Jenny.

Die Erben vermachten ihre Anteile dem 1814 geborenen Jacob Steilberg, der 1857 Friederike - Rike, geb. Elsberg geheiratet hatte und mit ihr sechs Kinder bekam.

Dem Haus und seinen Bewohnern war ein schweres Schicksal beschieden. Infolge wirtschaftlicher Schwierigkeiten in den 70er und 80er Jahren des 19. Jahrhunderts belasteten Rike Steilberg und ihre Kinder das Anwesen mit hohen Hypotheken. Schließlich wurde 1882 der Konkurs über das Vermögen eröffnet. Nach der Zwangsversteigerung erhielt der Kaufmann Moritz Steilberg aus Höxter den Zuschlag. Steilberg wiederum trennte sich von Haus und Garten am 2. Juni 1885 und verkaufte sie für 1500 Mark an Levy Uhlmann aus Ovenhausen. Der neue Besitzer richtete im Haus einen kleinen Gemischtwarenladen ein. Betrat man das Haus, so fand die Kundschaft linker Hand den Verkaufsraum mit einer Ladentheke vor. Levy Uhlmann hat die sich anbahnende nationalsozialistische Judenverfolgung nicht mehr erlebt: er starb 1927. Norbert Uhlmann und seine Frau Lene geb. Löwendorf, adoptierten 1932 die vier Monate alte Ilse-Ruth Berghausen, die nach der Pogromnacht am 9. November 1939 die örtliche katholische Dorfschule nicht mehr besuchen durfte und zur jüdischen Schule nach Detmold überwechselte. Die Familie musste Ovenhausen am 8. Dezember 1941 verlassen und wurde über Bielefeld nach Riga deportiert. Von dort trat sie die Reise in das Vernichtungslager Auschwitz an. Ein Einwohner von Ovenhausen kaufte das Haus, das Inventar wurde versteigert. Zwei Brüder von Norbert Uhlmann, Gustav und Wilhelm, die vor den braunen Schergen rechtzeitig in die USA entkommen konnten, meldeten sich nach dem Zusammenbruch als rechtmäßige Erben und setzten durch, dass die derzeitigen Bewohner ausziehen mussten. Der frühere Nachbar Köster, der mit Uhlmanns immer in gutem Einvernehmen gelebt hatte, erhielt das Vorkaufsrecht und erwarb das Haus. In der Folgezeit stand es lange Zeit leer, die Bausubstanz war schlecht.

1997 wurde es vom Westfälischen Freilichtmuseum Detmold und vom Land NRW angekauft und im Jahre 2000 an seinen jetzigen Standort überführt. Es ist das einzige jüdische Gebäude in einem Freilichtmuseum.

Den Winter über lebte Hermann Winckelhan als Tagelöhner in der Wallonei, das seit 1795 zu Frankreich gehörte. Er ging schon früh auf Märkte und in Fischhallen, und hielt sich mehr schlecht als recht mit seinem Verdienst über Wasser. Eine Zeitlang diente er als Soldat. Desertierte er? Jedenfalls lernte er einige Matrosen kennen. „Du bist zwar eine Landratte, aber auf den Schiffen ist immer Bedarf an Arbeitskräften. Wirst allerdings nicht gleich als Kapitän oder Steuermann anfangen können", scherzten sie, „sondern das Seeleben von der Pike auf lernen müssen."

Der Ostwestfale ließ sich anwerben. Er fuhr zunächst mehrmals durch den Kanal in englische Häfen, und als sie die Ladung jeweils gelöscht hatten, kamen auch entferntere Ziele hinzu. In Genua verbrachte er mehrere Ruhemonate, dann ließ er sich von Genuesischen Kaufleuten zu Fahrten ins Levante, in die Länder am östlichen Mittelmeer, anheuern. Die holländischen Kameraden warnten: „Fürchtest du nicht, von Piraten gekapert zu werden? Wir werden uns hüten, mit einem dieser Frachtschiffe zu fahren. Der Tod reist mit."

Winckelhan sagte so etwas wie „Feiglinge" und „Muttersöhnchen" und schlug alle Warnungen in den Wind. Die erste Reise verlief ohne Zwischenfälle, und so ließ er seinen Vertrag verlängern. Das Gehalt stieg beträchtlich. Auch von der zweiten Fahrt kam er gesund in den Heimathafen zurück. Beim dritten Mal aber fiel das Schiff im Sizilianischen Meer Seeräubern in die Hände. Die steuerten Algier als Ziel an und dort den Sklavenmarkt. Nun war Hermann Winkelmann den prüfenden Augen der Käufer ausgesetzt. Sie beschnüffelten und beschauten ihn von allen Seiten, wie wenn er ein

Stück nützliches Vieh sei, prüften seine Armmuskeln und die stramme Haltung der Beine, und einer schob zwei seiner dreckigen Finger gar in den Mund und besah Zähne und Gebiss. Winckelhan hatte Glück. Er gelangte in den Besitz eines Wesirs, des Regierungsbeamten Hassan des Bei, eines orientalischen Herrschers, der ihn wegen seiner französischen und italienischen Sprachkenntnisse zum Haushofmeister machte. Das Leben war erträglich. Der Hausherr versuchte zwar, seinen Sklaven zum Übertritt zum Islam zu bewegen, aber das lehnte Winckelhan ab.

Die herrlichen Tage dauerten nicht lange. Der Wesir fiel in Ungnade, hatte er krumme Geschäfte gemacht? Jedenfalls starb er am Galgen, sein Vermögen fiel dem Bei zu. Nun stand Hermann Winckelhan wieder auf dem Sklavenmarkt. Von jetzt an ging es ihm schlecht, denn es begann ein 17-Jähriges Martyrium. Die neue Aufgabe der Sklaven bestand darin, gewaltige Steinblöcke auf Rollen vom Land an die Mole zu ziehen, und das durch glühenden Sand bei unerträglicher Hitze. Manchmal mühten sich 20 Männer im Schweiße ihres Angesichtes mit dem Transport ab. Zu essen gab es ein Pfund Brot und ein kleines Maß Öl und Weinessig. Die Aufseher waren hartgesottene Burschen. Sie warteten nur darauf, dass jemand verschnaufte oder niederfiel, dann sauste die Peitsche. Eines Tages ging ein Derwisch in unmittelbarer Nähe vorüber. Er sah, wie ein Aufseher einen Sklaven niederknüppelte. Er winkte den Prügelknaben zu sich und predigte auf ihn ein, wobei er mehrmals die Hand zum Himmel streckte. Was er sagte, konnten die Männer nicht hören. Doch sahen sie, wie der Aufseher die Erde und dann die Hand des Derwisch küsste und verändert an seinen Arbeitsplatz zurückkam. Zwei Wochen war er fortan recht fromm und rücksichtsvoll, dann hatte er den Himmel vergessen.

An manchen Tagen im Jahr kam auch er bei einem seiner Ausritte in der Nähe der Sklaven vorbei. Dann warfen sich die Gefangenen vor ihm zu Boden und flehten ihn um Gnade an, und er warf ihnen eine Handvoll Zechinen - italienische Goldmünzen - zu. Die übergaben sie dem Schwedischen Konsul, der sie für Stunden freikaufte und ihnen einmal satt zu essen gab.

Das entbehrungsreiche Leben hielt auch ein einst strammer Bursche wie Hermann Winckelhan auf die Dauer nicht aus. Einmal, als er einen schweren Sack voller Brote trug, stürzte er so unglücklich, dass er mehrere Knochen brach. Die Aufseher warfen ihn in ein Loch und dort blieb er, bis er sich halbwegs bewegen konnte. Die Knochen aber wuchsen falsch an und machten ihm das Leben fortan noch schwerer.

1806 schlug endlich die Stunde der Freiheit. Jerome Bonaparte, der jüngere Bruder Napoleons und vom 1807 bis 1813 König von Westfalen, setzte sich für die Freilassung der Sklaven aus französischen Ländern ein. Auch Hermann Winckelhan gehörte zu den Glücklichen und wurde mit acht Kronen Lebenshilfe an der italienischen Küste abgesetzt.

Sechs Jahre lebte Hermann Winckelhan bereits in der Sklaverei, als er einen ernsten Versuch, die Freiheit wiederzuerlangen, unternahm. Im Frühjahr 1788 erhielt der Fürstbischof von Paderborn, Friedrich Wilhelm vom Westphalen zu Fürstenberg, einen Brief. Es war die Zeit, als der Landtag zusammentrat. Mehrere hohe Herren, darunter auch der Drost von Haxthausen, saßen an der Mittagstafel, als dem Bischof ein Brief zugestellt wurde, den der Landesfürst, nachdem er ihn sorgsam gelesen hatte, an den Drosten weitergab.

„Hier, von Haxthausen, dieses Schreiben betrifft Euch. Der Mann stammt aus einem Eurer Dörfer. Entscheidet, wie man sich verhalten soll und ob man etwas für den armen Kerl tun kann."

Von Haxthausen las den Brief, um ihn war Tumult vom Gerede und Gelächter, Gläserklirren und den Auftritten der Tafeldiener, dann reichte er den Brief an den Fürstbischof zurück.

„Ich überlasse es der Einsicht Eurer Fürstlichen Gnaden, was geschehen soll. Der Mann steht im Verdacht ein Mörder zu sein. Wenn er zurückkäme, dann nur, um ihn den Händen der Justiz zu übergeben."

Der Brief hatte folgenden Wortlaut, er spickte voller Schreibfehler.

„Ihro Hochfürstlich Gnaden durchleichtigster Printz.

Mein allergnadigster Herr etc.

Ich armer bitte Unterthänigst. zu vergeben, dass ich mein Schreiben an ihro durchleichtigsten Printzen Ergehen lasse. in deme ich nach Gott Einzig und allein meine Zuflucht zu ihro Gnaden meinen allergnädigsten Landesherren suche, hoffe meine Bitte erhöret zu werden.

Ich Johannes Winckelhan von den Paderpormschen auß Pelersen deß Fürstenthum von Neuhaus gebürtig, von der Dioces Churfürstenthum Cöllen. Mein Vatter hermanns und meine Muetter Maria Elisabetta Abgentz, dessen Ehlich Erzeigte Sohn stunde in spanischen Dienste untter dem löbl. Regiment Provante geriethe Sclavische Gefangenschaft worinnen ich schon über zwei Jahre lang in diesem so erbermlichen Leben bin, Wenn man sollte sprechen das Ellend der Christen unde wie sie von diessen Barbaren dractieret werden, ist mir unmöglich zu schreiben, und die teglichen Nahrung bei so schwerer Arbeit miserable Kleidung sollte ein steinernes Herze zum Mitleiden bewegen. Doch meiner seits Gott sei Dank habe ich einen guetten Patron bekhomen, welcher der erste Minister nach dem Bei ist, und wird Casnätzi genannt, wo ich an Unterhalt undt Kleidung keinen Mangel leidte doch in bedenkung ein Sklave den Christenthum Entzogen, und meiner Schuldigkeit als ein Christ nit nachkommen kann.

Keinen Trost. Undt zuflucht bei keinen Menschen mich dieses Jemerlichen Standes zu entziehen, so setze ich nun mein Vertrauen und Zuflucht zu ihro hochfürstliche gnaden Kniefehlich mit bitteren Thränen bittend durch das bittere Leidten und Sterben Jesu Christi sich meiner zu erbarmen, mich dieses Ellenden Sclaven-Stande Loß zu machen und mir wiederum in mein liebes Vatterlandt zu verhelfen es ist in Wahrheit es ist Villes Gelt nachendt bei Dreihundert Ducaten, doch wird solches Gott der Allmechtige solches an ihrer hoch fürstliche Gnaden reichlich vergelten bittend anbey dieses mein Schreiben an meine libe Eltern und befreunde wissen zu thun, so sie annoch bei Leben seyen mochten laße sie ebenfalls freundlich grüssen und bitten, sie mochten ebenfalls bei ihro hochfürstlichen Landesherren vor mich bitten und in ihren Gebett bei Gott vor meine Guet Detter und Erlöser dieses Elendes ingedenk sein Schliesse mit bkteren Thränen und verharre an ihro Hochfürstliche Gnaden

Ein aller unterthänigster Unterthan und Diener

Johannes Winckelhan Sclav de Minister Casnacz; in Algier

Signt Algier in Barbaria , den 8ten November an 1787

So emn Schreiben an mich überschickt werden sollte, ist solches an Monsieur Walther Consul de Schwede zu attressiren und muß solches bis Marseilo frangierent werden."

Im April 1807 erschien der Felddiener und Gerichtsdiener Malchus beim Herrn Drosten von Haxthausen. Der Richter des Patrimonialgerichtes stand auf der Haustreppe und wollte gerade seinen Wagen besteigen, der ihn nach Paderborn bringen sollte.

„Nun, was bringst du mir, Malchus? Ich habe es eilig."

„Herr, in Bellersen ist vor einigen Tage der Hermann Winckelhan eingetroffen, der 25 Jahre verschollen und des Mordes bezichtigt worden war. Soll man ihn nun festnehmen, oder was soll sonst mit ihm geschehen?"

Der Droste überlegte, die Nachricht kam ihm zu unverhofft, im ersten Augenblick seiner Entscheidung sagte er: „Natürlich, er muss gleich arretiert werden." Dann aber, er war kaum vom Hof gefahren, ließ er halten und rief den Gerichtsdiener an den Kutschenschlag.

„Höre Malchus, ich habe mir die Sache kurz überlegt: Warte mit der Verhaftung. Ich werde erst in Paderborn anfragen. Die Sache ist schon so lange her, die meisten Zeugen sind tot und die Untersuchung des Mordfalls wird nicht leicht sein. Es ist schon viel Gras über die Sache gewachsen."

Der Droste begab sich, kaum in Paderborn angekommen, zu dem inzwischen dort amtierenden preußischen Regierungspräsidenten Peter Heinrich von Coninx und fragte ihn um Rat.

„Ach, wisst Ihr, lasst den Mann in Ruhe. 24 Jahre in der Sklaverei - das ist wie ein Todesurteil. Er hat genug gebüßt."

Als der Droste wieder nach Hause kam, ließ er dem Hermann Winckelhan sagen, er könne sich frei bewegen. Die Justiz habe kein Verlangen mehr nach ihm. Aber er möge doch bei Gelegenheit einmal beim Richter vorbeikommen.

Die Aufforderung ließ Hermann nicht verstreichen. Ein paar Tage später, die Familie von Haxthausen saß gerade beim Kaffee, meldete der Diener: „Draußen steht der Algerier, er möchte gern den gnädigen Herrn sprechen."

Als der Besucher unter der Tür stand, erschrak die Gesellschaft. Ein kleiner buckliger Kerl, kümmerlich aussehend, trat in die Stube.

„Ach, du bist also Hermann Winckelhan!", rief der Droste. Der Gast hatte wohl nicht verstanden, er hielt den Kopf schief, damit die Ohren besser hörten. Einige Male musste der Hausherr die Frage und so manche andere gewünschte Auskunft wiederholen. Die Antworten waren ein Gemisch aus Deutsch und Holländisch, auch ein paar französische, italienische und auch türkische Brocken waren eingeflochten. Nein, diesmal waren die gewünschten Auskünfte nicht ergiebig. Erst Wochen später, als der Heimkehrer bei seinen Verwandten wieder gebrochen Deutsch gelernt hatte, konnte der Droste seine Fragen abermals stellen:

„Nun seg mal Hermann, du brukst ja jetz doch nix mer to förchten, wi is tat kumen med den Jauden, dat du den vor de Blesse schlagen hest?"

„Ach dat weill ek er Gnaden seggen, ek wull' en nich daut schlahen, sunnern men düet dörchprügeln. Wi ek en averst sau an den Kragen fatte, da ritt he sik loß un gav mi einen med sinen dören Stock, dei mi höllisch wei deihe, da schlog ek en in der Bosheit mit minen Knüppel glik övern Kopp, dat he fkugs tosammen stört asse'm Taskenmest*(* *Taschenmesser).*

Da dacht ek: nu is et doch verbi, nu sust 'n auck ganz daut schlahen."

Hermann Winckelhan trieb sich nun einige Monate in der Gegend herum. Humpelte von Ovenhausen nach Bökendorf, auch nach Vörden, was ihm nicht leicht fiel mit seiner Behinderung. Versuchte hier und da Arbeit zu finden, die seinen bescheidenen Fähigkeiten entsprach. Doch es bot ihm niemand eine Chance. Der Mord, obschon ein viertel Jahrhundert darüber vergangen war, lag wie ein schwerer Kartoffelsack auf ihm. Zu Hause duldete man ihn, er wurde gelitten, sein Bruder aber sah ihn nicht gern. Manchmal ging er zum Driburger Brunnen und erzählte den Kurgästen sein Leben. Mancher steckte ihm dafür ein paar Münzen zu.

Im Herbst erschien er noch einmal im Hause des Drosten, empfing sein Almosen, ging aber nicht.

„Was ist? Hast du noch was auf dem Herzen?"

„Ich möchte ehrwürdige Gnaden bitten, mich in seinen Dienst zu nehmen. Ich bin allein, habe keine Arbeit, überall geht man mir aus dem Weg, als stände mir das Verbrechen vor dem Kopf geschrieben. Ich kann ja noch arbeiten, als Hausknecht etwa, auch wenn es schwer fällt."

Der Droste überlegte nicht lange, er gab dem Winckelhan einen abschlägigen Bescheid. Mit einem Mörder unter einem Dach zu wohnen, widerstrebte ihm.

Hermann Winckelhan ging niedergeschlagen davon. Das Herbstlaub raschelte zu seinen Füßen. Die Sohlen seiner Schuhe waren abgelaufen und löchrig. Sie würden ihm im Winter keinen Schutz geben. Wohin sollte er gehen? Alle, die er noch kannte, waren froh, wenn er sich nicht lange aufhielt und weiterging. Jetzt macht er sich auf nach Holzhausen, zwei Stunden weiter. Etwas trieb ihn. Er fühlte sich verfolgt. Doch wenn er sich umblickte, sah er niemanden. Oder doch? Plötzlich spürte er einen Druck auf den Schultern und einen unsagbaren Schmerz, fast so wie nach dem Sturz in Algerien. Er rannte, so schnell er es vermochte, auf das erste Haus am Wege zu, schlug gegen die Tür. Als man ihm öffnete und fragte, was er wolle, stürzte er leichenblass und verwirrt in den Flur und bat: „Um Gottes und aller Heiligen Willen schickt mich nicht fort ins Dunkel."

„Ja, was ist denn mit dir? Was ist los?"

„Als ich übers Holz gekommen, hat mich eine große lange Frau verfolgt und als sie mich eingeholt hat, hat sie mich gezwungen, ein schweres Bund Dörner* (*spitz zulaufende Dornen) zu tragen, das mir gehörig ins Fleisch schnitt. Wenn ich stehen blieb, hat sie mich angetrieben, und dann bin ich in großer Angst zu laufen angefangen, bis ich hier vors Dorf kam. Und dann war die Frau plötzlich verschwunden. Ich bitte euch herzlich, gebt mir nur eine Nacht Schutz, morgen will ich wieder nach Hause."

Als der Hausherr frühmorgens aufstand, war sein Besuch schon über alle Berge. Gegen Mittag, so erzählten die, die ihn später gesehen hatten, erschien er verwirrt an der Glashütte zur Emde. Hier hatte er oft ein Almosen erhalten und nun bat er um ein Glas Branntwein, das man ihm gern gab. Auch ein zweites und drittes verschmähte er nicht und trank sich Mut zu. Mut wozu? War ihm die große lange Frau wieder auf den Fersen? Als er aber an den „Kiel" gekommen, an die Stelle, wo er vor 24 Jahren Schuhe und Strümpfe zur Wallfahrt nach Werl ausgezogen hatte, da nahm er die Leine von einem Pflug und hängte sich an einen großen Baum und zwar so niedrig, dass seine Füße das Herbstlaub am Boden weg scharrten.

Der Selbstmord Winckelhans sprach sich bald herum und kam zunächst auch zu Ohren des Domherrn Carl von Haxthausen. Der schickte sich früh an, auf die Jagd zu gehen. Als er unterwegs den Pflüger Kerkhoff aus Bellersen bei der Arbeit antraf, erzählte der ihm, man habe vor einer Stunde den Algerier im „Kiel" an einem Baum hängend gefunden.

Der Droste ließ die Gemeindevorsteher zu sich kommen und riet ihnen: „Gebt dem Hermann Winckelhan ein ehrliches Begräbnis. Er hat ein großes Unglück auf sich herab geschworen und erlitten. Verscharrt ihn nicht wie einen Selbstmörder außerhalb der Kirchenmauer."

Das versprachen die Ortsvorsteher, und so fand der Algerier sein Grab auf dem Friedhof, auf dem nach ihm auch der Droste und die anderen Herren von Haxthausen bestattet wurden.

Heinrich Straube lebte wieder in Göttingen. Es war eine Rückkehr ins Dunkel gewesen, ins Nichts. August würde ihn nach dem Debakel um Arnswaldt so bald nicht wieder einladen und sich vielleicht der Verwaltung der heimischen Güter zuwenden. So ging er der verpflichtenden Aufklärung des Falles Arnswaldt/Straube aus dem Wege ohne sich die Hände schmutzig zu machen.

Doch halt! So ganz unschuldig war er an der „Jugendkatastrophe" nicht gewesen. Im Grunde missfiel ihm die vorlaute Annette schon immer, die überall die erste Geige zu spielen versuchte und die von den Bewohnern des Bökerhofes sowohl geschätzt und zugleich kritisch betrachtet wurde. Großvater Werner-Adolf liebte ihr Wissen, ihre Diskussionsfähigkeit. Es amüsierte ihn, wenn sie sich an den Gästen des Hauses rieb und am Ende einen kindlichen Triumph davontrug. Das brachte ihr allerdings mehr

Nach- als Vorteile ein. Denn Unterlegene des Wortes können nicht schweigen, sie fordern Revanche, der sie meist wiederum unterliegen.

Wie Annette im heimischen Schloss Hülshoff inzwischen lebte, konnte man nur ahnen. Die innere Unruhe würde sie nicht ruhen lassen und sie zu langen Spaziergängen hinaus auf die Felder treiben, bei Regen und Wind. Verschmutzt kam sie oft heim, weil der Regen die Wege aufgeweicht und in sandigen Brei verwandelt hatte. Doch das störte sie nicht. Abgeschnitten von der Außenwelt lebte sie in der schweigenden Familie und der beredten Natur. Man ging ihr aus dem Wege und sie mied das Zusammensein, wenn es opportun erschien. In den ersten Wochen nach dem peinlichen Vorfall in Bökendorf fand sie keine Ruhe zum Dichten, erst nach und nach zog sie den Block aus der Schreibtischschublade hervor und griff nach Feder und Tintenfass.

Eines ihrer ersten Gedichte, in dem sie ihre innere Not in Worten freien Lauf ließ, hieß „Die Taxuswand". *

Ich stehe gern vor dir,
Du Fläche schwarz und rauh,
Du schartiges** Visier
Vor meines Liebsten Brau',
Gern mag ich vor dir stehen,
Wie vor grundiertem Tuch,
Und drüber gleiten sehen
Den bleichen Krönungszug.

Als mein die Krone hier,

Von Händen die nun kalt;

Als man gesungen mir

In Weisen die nun alt;

Vorhang am Heiligtume,

Mein Paradiesestor,

Dahinter Alles Blume,

Und Alles Dorn davor.

Denn jenseits weiß ich sie,

Die grüne Gartenbank,

Wo ich das Leben früh

Mit glühen Lippen trank,

Als mich mein Haar umwallte

Noch golden wie ein Strahl,

Als noch mein Ruf erschallte,

Ein Hornstoß, durch das Tal.

Das zarte Epheureis,

So Liebe pflegte dort,

Sechs Schritte, - und ich weiß,

Ich weiß dann, dass es fort.

So will ich immer schleichen

Nur an dein dunkles Tuch,

Und achtzehn Jahre streichen

Aus meinem Lebensbuch.

Du starrtest damals schon

So düster treu wie heut',

Du, unsrer Liebe Thron

Und Wächter manche Zeit;

Man sagt, daß Schlaf, ein schlimmer,

Dir aus den Nadeln raucht, -

Ach, wacher war ich nimmer,

Als rings von dir umhaucht!

Nun aber bin ich matt,

Und möcht an deinem Saum

Vergleiten, wie ein Blatt

Geweht vom nächsten Baum;

Du lockst mich wie ein Hafen,

Wo alle Stürme stumm,

O, schlafen möcht ich, schlafen,

Bis meine Zeit herum!

Taxuswand* Taxus: Eibe.

Schartiges** = Adjektiv zu Scharte: Verletzung, Lücke

Manchmal holten Träume den schnellen Aufbruch in Bökendorf ein. Straube sah im Schlaf, wie nach der „Affäre" das Gepäck in aller Hast aufgeladen wurde und die Mutter ihre Tochter Annette in die Kutsche stupste. Eine offizielle Abschiedszeremonie fand nicht statt. Die wortlose Fahrt unter den strengen Blicken von Therese Luise löste Höllenqualen aus. Jenny suchte die Hand ihrer Schwester, um ihr ihr Mitgefühl zu signalisieren, doch die Mutter schlug mit dem Fächer dazwischen als gelte es, eine Fliege von der Kaffeetafel zu vertreiben. Gott Dank gab es keinen Achsenbruch auf dieser Fahrt, es stellte sich auch sonst kein Hindernis in den Weg. So kam man schneller voran.

Das Thema mochte im engen Familienkreis in Hülshoff nochmal Gegenstand heftiger Vorwürfe gewesen sein, Annette war an der Diskussion nicht zugelassen. Gestempelt, verfemt, gezeichnet wusste sie das Los der Ausgestoßenen zu ertragen. Derweil schrieb Anna von Haxthausen, die drei Jahre jüngere „Tante" der Droste: „Auch ich weiß mich nicht frei von Vorwürfen..." Hat sie doch an der Intrige kräftig mitgewirkt, in der ihr „Schwarm" Arnswaldt, die Hauptrolle spielte. Den Schicksalsbrief, der zum Bruch führte, musste August von Haxthausen auf Arnwaldts Anweisung der zitternden Annette überreichen. „Deine Tätigkeit soll sich darauf beschränken, den beiliegenden Brief auf geschickte Art der Nette zukommen zu lassen. Ich meine so, dass du ihr etwas trocken sagst: Da ist ein Brief für dich gekommen, ohne zu sagen woher..."

Über die Wirkung dieser Briefübergabe sagte August darauf: „Euer Brief an Annette hat fast die Wirkung gehabt, die wir dachten. Karoline schrieb mir: ‚Ich habe den Brief Annette besorgt. Sie schüttelte vielmals den Kopf unter dem Lesen, und als sie von der unbescheiden scheinenden Gegenwart befreit war, hörte ich sie noch lange auf und ab gehen."

Annette von Droste-Hülshoff und Heinrich Straube lebten an Orten, zwischen denen ein tiefer Graben lag, über den keine Brücke führte. Die Post hätte die Brücke beschreiten können, doch beide wagten nicht, ihr Briefe für den anderen mitzugeben. Die beidseitige Enttäuschung war zu groß und lähmte jede Initiative dazu. Straube versuchte das vernachlässigte Studium durch besonderen Eifer wett zu machen. In seiner Freizeit ordnete er die Ausgaben der „Wünschelruthe". Er selbst würde sie nicht aufheben, er hatte keinen Platz und auch keine Motivation dazu, doch in einem Literaturmuseum würden sie ihren archivarischen Ort finden können.

Nicht ohne Wehmut las er noch einmal die „Ankündigung eines neuen Zeitblattes: Wünschelruthe", in der sein Herzblut gesteckt hatte. Bewegt fand er auch die Worte, mit denen von Hornstedt und er die neue Publikation angekündigt hatten: „Die Liebe zur Poesie und zur freien Kunst überhaupt, die jetzt im deutschen Vaterlande überall sich aus den Herzen in so vielen Adern ergießt, hat schon zahlreiche Sammelplätze für deren Vereinigung gefunden. Doch sind noch wohl in mancher Menschenbrust welche vorhanden, und der Rutengänger brauchte nur herum zu gehen, so würde die Rute noch unzähliger Orte ihm anschlagen. Jeder ist es sich bewusst, wie man sich in Deutschland in neuester Zeit vielfach und vielseitig bemüht hat, sich in Allem fester aneinander zu knüpfen durch Bund und Band, Gesellschaften und Vereine, Gilden und Innungen. So fanden auch wir die Lust und Neigung in uns, nachdem wir uns vielfältig mit Gleichgesinnten besprochen, diesen Kreis noch weiter auszudehnen, und uns mit dem Vaterlande öffentlich in geistige Berührung zu setzen. Daher wagen wir, von Neujahr 1818 an, ein Zeitblatt „Wünschelruthe" erscheinen zu lassen, das sich selbst durch den Inhalt rechtfertigen mag, nachdem wir das Unsrige getan, und uns mit vielen geistig geachteten Männern dazu in Verbündnis gestellt haben. Die freien Künste sind der Kreis, in dem unser Blatt - dem wir gerne festeren und bleibenderen Gehalt geben möchten, als den eines schnell vergänglichen Flugblattes - sich bewegen will, und was aus wahrhaft freiem und gutem Geiste entstanden, wünschen wir darin zu bringen. Auf welche Weise, werden die dieser Anzeige beigefügten Probeblätter, wenigstens zum Teile, andeuten, und wie wir uns dazu zu rüsten gesucht, die Namen unserer geehrten Mitarbeiter bezeugen, von denen wir hier aus vielen nur: Beneke, Bouterwek, F. W. Carove, Dom. Fiorillo, Brüder Grimm in Kassel, L. A. Grimm in Weinheim, Heeren, Krug von Nidda, von Lehr, Graf von Loeben, A. Schreiber, Wilh. von Schütz, G. Schwab, F. G. Welker, Wetzel anführen wollen. Jeder im Vaterlande von gleicher Gesinnung und Lust ist von uns freundlichst zur Verbündung und Mitarbeit aufgerufen, und so möge denn unser Blatt, unbeschadet der großen Zahl seiner Geschwister, noch Liebe und Teilnahme für sich übrig und zu vergeben finden.

Göttingen im September 1817.

Die Herausgeber der „Wünschelruthe."

Der Verlag hatte sich den frommen Erwartungen durch ein eigenes Willkommen angeschlossen. „Die „Wünschelruthe" erscheint in unserem Verlage, und ist von Neujahr 1818 an im Königreiche Hannover durch die königlichen Postämter, außer demselben durch alle gute Buchhandlungen zu erhalten. Wöchentlich kommen zwei Blätter heraus, welche wöchentlich oder monatlich geliefert werden können. Die Probeblätter Nro. 1 bis 3 sind in jeder Buchhandlung einzusehen, doch bitten wir, zu bemerken, dass das Papier besser sein wird, als wie es zu den Probeblättern genommen werden konnte. Der Preis eines halben Jahrgangs, welcher nicht getrennt wird, ist gegen bare Zahlung 2 Rthlr. 4 ggr. Conv. Münze. Diejenigen, welche dies Zeitblatt mit Beiträgen beehren wollen, werden gebeten, diese durch Beischlüsse von Buchhändlern an uns gelangen zu lassen, damit ihnen, oder den Herren Herausgebern keine Kosten dadurch verursacht werden.

Göttingen im September 1817.

Vandenhoeck-Ruprechtsche Buchhandlung."

Wer hätte damals ahnen können, dass die Existenz dieses Zeitblattes über ein halbes Jahr nicht hinauskommen würde? Waren die Erwartungen zu groß gewesen? Hatte die Redaktion das Interesse an der „Wünschelruthe" überschätzt? Wer die schulische Grundausbildung hinter sich hatte und nicht studieren konnte, wurde im Beruf gefordert, der wenig Zeit zum Lesen ließ. Und manche Bauernburschen vollendeten sogar nicht einmal ihre ersten Schuljahre, weil ihre Hilfe im Stall und in der Landwirtschaft vonnöten war.

Es war Straubes strenges Bestreben, das Jurastudium zu vollenden. Mit finanziellen Zuwendungen seines Freunds August von Haxthausen konnte er nicht mehr rechnen, weil er nach dem Dilemma dort auch nicht mehr Gast auf dem Bökerhof sein würde und den Ort der Erniedrigung und Schmach ebenso mied wie Annette von Droste-Hülshoff. Sein Freund und Mitredakteur der „Wünschelruthe" Johann Peter von Hornthal hatte es inzwischen zum Dozenten an der juristischen Fakultät der Universität Freiburg geschafft und war mit der Juristentochter Maria Anna Margaretha Pfister sehr glücklich. Ihm stand eine Karriere als Abgeordneter des Bayrischen Landtages bevor.

Ein Jahr nach der „Jugendkatastrophe", 1821, schloss Straube sein Jurastudium mit dem Doktortitel ab. Wie gern hätte er seine Freude mit Annette geteilt, doch auch dieser Erfolg hinderte ihn, zur Feder zu greifen. Der Schmerz saß zu tief. Wie es der Baronesse indes wohl erging? Sie floh vor sich selbst, und kehrte doch immer wieder in die Heimat Hülshoff zurück.

„Ihr breiten, laubgewölbten Hallen,
die jung und fröhlich mich gesehn,
wo ewig meine Seufzer wallen
und meines Fußes Spuren stehn..."

Später erinnerte sich die Droste der liegengebliebenen und leicht angestaubten Gedichte zum „Geistlichen Jahr", die sie in Driburg unter der Obhut ihrer frommen Stiefgroßmutter begonnen hatte. Auch wenn sie die Verse jetzt mit dem bürgerlichen Neujahr und nicht mit dem Kirchenjahr zu Advent beginnen ließ, erkannte sie doch bald, dass man sich kaum in fremde Seelenstimmungen versetzen konnte. So stellte sie sich selbst in den Mittelpunkt des frommen Seelenlebens und zeichnete ein erschütterndes Bild ihres geistigen Zustandes. Konnte sie noch so glauben, was man sie gelehrt hatte und wie sie der Lehre gefolgt war? Gab es nicht die geringsten Zweifel an der Echtheit der Überlieferungen? Die innere Seelenlage kreuzte sich mit äußeren

Ereignissen. Da sie die Stadt mied, war Annette froh, dass sie ihr „Schnecken-häuschen'" beziehen konnte.

1825 hatte ihr Vater, der Freiherr Clemens August II. von Droste zu Hülshoff, das barocke Schlaun-Gebäude erworben. Ahnte er, dass das elegante Landhaus schon ein Jahr später Wohnsitz seiner Witwe und der gemeinsamen Töchter Annette und Jenny werden würde? Oft zogen dunkle, einsame Tage über das Rüschhaus hin. Die Blumen im Garten erstarrten unter dem Frost, der Hausknecht fütterte die Öfen körbeweise mit Holz.

Die Webersgattin Katharina Plettendorf aus Altenberge machte sich in der Küche oder am Strick- und Flickkorb nützlich. 1797 war sie auf die nahe Burg Hülshoff gerufen worden, um die zu früh geborene und lebensschwache Annette von Droste-Hülshoff als Amme zu betreuen. Der Pfarrer von Roxel hatte im Auftrag des Vaters Werner von Droste-Hülshoff von den Kanzeln der Nachbarorte nach einer Still- und Ziehmutter fragen lassen. Katharina Plettendorf war im November des Vorjahres Mutter eines Jungen geworden und erklärte sich unverzüglich bereit, die Ammendienste im Schloss Hülshoff zu übernehmen. Sie rettete das bedrohte Leben, wurde Annettes vertraute Freundin und regte ihren Schützling zu manchen Gedichten an. Katharinas Mann starb schon 1821 an Schwindsucht oder Auszehrung, einer in Weberfamilien besonders häufigen Krankheit.

Die Familie Droste weilte regelmäßig zu Besuch in Altenberge und finanzierte Katharinas Sohn aus Dankbarkeit den Kauf ihres Wohnhauses vor.

„...einmal des Jahres zog das Fräulein Ihr bestes seidenes Kleid an, steckte einen uralten, kostbaren Kamm voll Edelsteinen ins Haar, hing eine goldene Kette um und besteckte sich mit allen möglichen Kleinodien, die sie nur fassen und tragen konnte.

Zugleich machte sie ein Päckchen mit Kaffee, Zucker und Gebackenem und kleinen Geschenken zurecht und bestieg mit ihrer Amme einen Wagen; es galt einen Besuch und festlichen Tag bei deren verheirateten Kindern, Tochter oder Sohn. Den ganzen Tag blieb sie dorten, aß und und trank, unterhielt sich mit ihnen und freute sich an der Freude der guten Leute, ein so vornehmes, geputztes Fräulein unter sich zu haben..." So hieß es in einem Brief Professor Schlüters.

Annette dichtete:

Was bleibt
An meine Wange haucht' es dicht,
Und wie das Haupt ich seitwärts regte,
Da sah ich in das Angesicht
Der Frau, die meine Kindheit pflegte,
Dies Antlitz wo Erinnerung
Und werte Gegenwart sich paaren:
„O Liebe," dacht' ich, „ewig jung,
Und ewig frisch bei grauen Haaren!"

Durch die juristische Literatur der jüngsten Zeit, die Kriminalvergehen aus dem In- und Ausland behandelte, wurde Heinrich Straube auch mit den staatsanwaltlichen Ermittlungen und richterlichen Entscheidungen im Fall „Kotzebue - Sand" vertraut. Am 23. März 1819 betrat der 24-jährige Theologiestudent Carl Ludwig Sand die Mannheimer Wohnung des Schriftstellers August von Kotzebue und stach den Gegner der Demokratie und „russischen Spion" nieder. Der anschließende Versuch, sich das Leben zu nehmen, scheiterte. Sand wurde verhaftet, man verhörte ihn monatelang und verurteilte ihn schließlich zum Tode durch das Schwert. Am 20. Mai 1820 setzte man seinem Leben vor einer riesigen Menschenmenge am Heidelberger Tor in

Mannheim ein Ende. Österreichs Kanzler Clemens von Metternich kam die Tat mehr als gelegen. Sie endete vorläufig die Demokratiebestrebungen der Burschenschaftler und der liberalen Intellektuellen durch die „Karlsbader Beschlüsse", die der Politiker bei den deutschen Königs- und Fürstenhäusern durchsetzte und welche die Zensur zur Folge hatte. Heine, Hegel und Goethe gaben ihren Senf dazu und der Weimarer Minister meinte gar: „Wo soll nun Disziplin herkommen, wenn sich alles für gleich erklärt, und die sämtliche studierende Jugend sich als Masse konsolidiert hat?" „Wer Tyrannen bekämpft, tut Gottesdienst", meinte hingegen Ernst Moritz Arndt.

Straube mochte sich nicht in die Auseinandersetzungen zwischen Adel und Bürgertum, über notwendige politische Veränderungen einmischen. In diesem unentschiedenen Meinungskampf konnte er eher Klienten verlieren denn gewinnen. Und so widmete er sich eher einem Gesellschaftsdrama, das in dieser Zeit in Irland spielte und in seiner Tragweite bis aufs europäische Festland hinüberschwappte.

Ellen Hanley, genannt „Colleen Bawn", war ein 15-jähriges Mädchen von unbeschreiblicher Schönheit. Ihre Mutter war früh gestorben, der Vater verheiratete sich wieder und gab seine Tochter in die Obhut ihres Onkels mütterlicherseits, eines Farmers in der Nähe von Croom, Co. Limerick. Die Nachbarn nannten Ellen wegen des irischen Wortes „ban", blond, und wegen ihrer ansprechenden Persönlichkeit „Colleen Bawn". John Scanlan, ein pensioniertes aristokratisches Mitglied der Royal Marine und recht wohlhabend, hatte ein Auge auf sie geworfen und suchte ihre Nähe. Bei einem heftigen Unwetter klopfte er unter dem Vorwand, sich vor dem Regen schützen zu wollen, an die Tür des Farmhauses ihres Onkels und wurde gastfreundlich empfangen. Der erste Besuch blieb nicht der einzige. Scanlan kam des Öfteren wieder, besuchte das Mädchen auch heimlich und ließ seinen Charme spielen. Schließlich bat er sie, seine Frau zu werden.

Die versprochene Sicherheit und die Vorstellung, in einem „großen Haus" zu leben, waren wohl ausschlaggebend für Ellens Entscheidung. Die Familie John Scanlans war strikt gegen die Verbindung, und auch von Seiten Ellens regte sich Widerstand. Mit der Mitgift von 60 Pfund aus Ellens Erbe brannten die beiden in einer Sommernacht 1819 durch. Doch das Glück war flüchtig. Was wirklich geschah, blieb im Dunkeln. Ein protestantischer Geistlicher erzählte, Ellen habe ihm während einer Dampferfahrt auf dem Shannon erzählt, wie leid es ihr tue, die Farm ihres Onkels verlassen zu haben, denn ihr Ehemann sei ein Trinker und verspiele ihre Mitgift. Der nämliche Geistliche berichtete Wochen später ebenfalls, dass sein Freund, der Ritter von Glin, als Richter einen Streit über den Besitz eines feinen grünen Seidenmantels habe schlichten müssen, den eine gewisse Maura Sullivan, die Schwester von Scanlans treuem Diener Stephan Sullivan, unter merkwürdigen Umständen bekommen habe. Im Rahmen dieser Auseinandersetzung wurde auch bekannt, dass Scanlans Frau verschwunden sei.

Wenige Tage später wurde eine mit Seilen gefesselte Leiche aus dem Shannon geborgen. Ritter von Glin und sein geistlicher Freund begaben sich auf Spurensuche. Nachforschungen ergaben, dass ein junger Bootsmann das Seil als sein Eigentum erkannte. Er habe es Scanlan und Sullivan kurz zuvor geliehen, ohne den Zweck seines Gebrauchs zu kennen. Ellens Ehemann wurde auf dem Grundstück seiner Eltern festgenommen. Obgleich der ausgezeichnete Jurist Daniel O'Connel, der Fechter für die Rechte der armen und unterdrückten Iren, die Verteidigung übernahm, wurde er zum Tode verurteilt und gehängt. Es ging das Gerücht, Stephan Sullivan sei nach Amerika entkommen, was jedoch nicht stimmte. Er wurde im darauffolgenden Jahr geschnappt und inhaftiert. Im Prozess gestand er, den Mord nach John Scanlans Plan begangen zu haben. Er räumte ein, die junge Frau mit auf den Dampfer genommen und dort totgeschlagen zu haben. Die gefesselte und mit Steinen beschwerte Leiche habe er über Bord geworfen. Sein Leben endete am Galgen. Ellen Hanley - Colleen

Bawn - fand ihr Grab auf dem Friedhof von Burrane in der Nähe von Killimer im County Clare. Ein örtlicher Lehrer mit Namen Peter O'Connell hatte dort kurz zuvor eine Grabstätte erworben und sie an die Familie der unglücklichen jungen Frau vermacht.

„Hinter dem alten Schlosse Wehren und der Türkenruine hebt der Wildberg aus lustigen Hügeln, die ihn wie vom Spiel ermüdete Kinder umlagern, seinen stachligen Sargrücken, und scheint nur den Cathagenberg gegenüber, der ihn wie das Knochengebäude eines vorweltlichen Ungeheuers aus roten Augenhöhlen anstarrt, seiner Beachtung wert zu halten. Von hier an beginnen die Ufer steil zu werden, mit jeder Viertelstunde steiler, hohler und felsiger, und bald sehen wir von einer stundenlangen, mit Mauern und Geländern eingehegten Klippe die Schiffe unter uns gleiten, klein wie Kinderspielzeug, und hören den Ruf der Schiffer, dünn wie Mövenschrei, während 190 Meter hoch über uns von der Felsterrasse junge Laubzweige nieder winken, wie die Hände schöner Frauen von Burgzinnen. - Bei dem neuantiken Schlosse Herstelle hat die Landschaft ihren Höhepunkt erreicht, und geht, nach einer reichen Aussicht, die Weser entlang, und einem schwindelnden Niederblicke auf das hessische Grenzstädtchen Carlshafen, der Verflachung und überall dem Verfall entgegen..."

Wenn Annette an die Orte dachte, die sie in der Vergangenheit gern und manchmal auch gezwungenermaßen hatte aufsuchen müssen, kam ihr erst zum Bewusstsein, dass sie hier, im Rüschhaus, wie in einem frei zugänglichen Gefängnis saß, abhängig von den Wünschen der Mutter und der Leibrente, die ihr ihr Bruder Werner Constantin von Hülshoff zahlen musste. Dann tat sich die Tür in die Vergangenheit auf, bis zum Eklat in Bökendorf, den sie auszuklammern versuchte, der sich aber immer wieder Raum zu schaffen verstand wie ein fordernder Hund einen Bissen von der Tafel seines Herrn. Dabei hatte es in jenem verhängnisvollen Jahr 1820 in Höxter einen gewaltigen Erfolg mit ihrem Gesang- und Klavierkonzert gegeben. Manche Zuhörer verglichen ihre Stimme mit der der bekannten italienischen Opernsängerin Angelica Catalani, die Goethe 1818 in Karlsbad gehört und der ihr die Verse

„Im Zimmer, wie im hohen Saal
hört man sich nimmer satt,
denn man begreift zum ersten Mal,
warum man Ohren hat"

gewidmet hatte. Das Urteil über das Höxtersche Erlebnis mochte zwar übertrieben, indes sehr schmeichelhaft sein, doch konnte das Erlebnis dort die Schmach nicht vertreiben, der sie sich nach dem plötzlichen Aufbruch bei den Verwandten in Bökendorf ausgesetzt gefühlt hatte. Durch die Träume Annettes zogen die Länder des Südens, Italien, Spanien, Portugal, sogar das weit entfernte China weckte Sehnsüchte. Die Motive auf den Tapeten im Schloss Hülshoff beflügelten diese Sehnsucht, doch blieben sie Wunschvorstellungen. Unbeeindruckt von der Meinung des Freigeistes Goethe „Die beste Bildung findet ein gescheiter Mensch auf Reisen, vertrat Annettes Mutter die Ansicht, Frauen könnten allein nicht auf Reisen gehen und ihre Tochter könne ohne Vormund und Geschäftsführer keinen Schritt in ein anderes Land setzen. Da hatten Johanna Schopenhauer und ihre Tochter Adele, die mit Annette befreundet war, doch ganz andere Erfahrungen gemacht. Ihre Reiseerlebnisse bildeten die geistige Kost über Jahre, vor allem in den dunklen Monaten des Winters, wenn das ländliche Leben ringsum zum Erliegen gekommen und ihre Seelen vom Licht des Südens verzaubert war...

Nur nicht mehr zurückdenken, nicht mehr erinnert werden! Heinrich Straube strebte mit allen Kräften eine Anstellung an. Die Habilitation war ein gutes Sprungbrett. 1822 zeigte sich ein plötzlicher Sonnenstrahl am Berufshimmel: Die Praxis eines Advokaten im Oberlandesgericht Kassel war vakant und Straube hatte das Glück, sie zu bekommen. Er besah sein Gesicht im Spiegel. Stolz blitzte aus den Augen, er war nicht so hässlich, wie ihn Wilhelm Grimm geringschätzig beschrieben hatte. Er beschloss, nicht nur Akteneinsicht zu nehmen, sondern sich auch unter den heiratslustigen jungen Mädchen umzusehen. Johanna Marie Regenbogen schien nicht abgeneigt, sich mit ihm in der Öffentlichkeit sehen zu lassen, auf Volksfeste und Tanzböden zu gehen und gemeinsame Zukunftspläne zu schmieden. 1823 heirateten sie. Etwas übereilt, meinte seine Frau. Sie hätte das Verlobungsjahr gern noch ein paar Monate verlängert. Denn obgleich sie sich mit Heinrich gut verstand, spürte sie, dass dieser Schnellschuss etwas zu bedeuten hatte. Sollte er einen Lebensabschnitt überbrücken, woran ihr Mann nicht gern erinnert werden wollte?

Johanna Marie war feinfühlig genug, nicht zu fragen. Doch bei allem Glück, das beide füreinander empfanden, spürte sie eine leise Traurigkeit in seinem Wesen.

Eines Tages, als Johanna Marie vom Markt kam, überraschte sie Heinrich mit der Nachricht: „Ich habe Wilhelm Grimm getroffen."

„Wie? Er kennt dich doch gar nicht."

„Nein, aber ich habe mich ihm bekannt gemacht."

Heinrich sah vom Schreibtisch auf. „Du hast was? Ja, und was hat er gesagt?"

Johanna Marie stellte die Tasche ab. Sie legte Wert auf frisches Gemüse und hatte eine sorgfältige Auswahl getroffen.

„Ich soll dich herzlich grüßen."

„Ja, und?"

„Sie sammeln immer noch Märchen und erweitern ihre Buchausgaben."

„Ich weiß. Wichtigste Quellen für den ersten Band 1812 waren die Apothekertöchter Gretchen und Dortchen Wild, zudem die Pfarrerstochter Friederike Mannel und die Schwestern Hassenpflug hier in Kassel. Sie schrieben die Erzählungen aus dem Gedächtnis nieder oder sie trafen sich mit den Grimms auf ein Tässchen Tee. Der einzige Mann im Bunde war ein pensionierte Dragoner Wachtmeister. Ich glaube, er hieß Krause. Dieser alte Soldat erhielt als Lohn für seine Geschichten abgelegte Kleidungsstücke der Brüder..."

Johanna Marie staunte. „Das alles weißt du?"

„Ja, ich kenne die Brüder, vor allem Wilhelm, recht gut, obgleich er kein gutes Wort für mich hatte."

„Er machte einen offenen, gesunden Eindruck auf mich."

„Ja, er hatte sich in Jenny von Haxthausen ganz schön verliebt. Sie haben sich oft geschrieben und manche Ausflüge im Familienpack unternommen. Ich weiß auch, dass die Hülshoffs und Haxthausens hier in Kassel gewesen sind und die Wilhelmshöhe besuchten."

„Und du, Heinrich, warst nie dabei?"

„Nein, Wilhelm Grimm hat sich bald verlobt. Sie hieß Dortchen Wild und war die Tochter des verstorbenen Apothekers Wild aus der Marktgasse. Aber davon hat er Jenny wohlweislich erst im letzten Augenblick berichtet."

„Davon musst du mir erzählen, Heinrich."

„Nein, besser nicht. Die Zeit ist vorbei - für mich jedenfalls, und ich möchte an die Vergangenheit nicht gern erinnert werden."

Lag hier der Grund für die unterschwellige Traurigkeit ihres Mannes?

Eine Anna von Haxthausen habe geheiratet, erzählte Grimm. „Ich glaube einen Arnsbald."

„Arnswaldt! Doch jetzt lass mich mit diesen Geschichten in Ruhe. Ich habe zu tun."

Johanna Marie kam aus dem Staunen nicht heraus. Ihr Mann kannte Menschen, von denen sie keine Ahnung hatte, und an die er offensichtlich nicht erinnert werden wollte. Während sie sich in der Küche zu schaffen machte, saß Straube starr wie ein Fischreiher, der auf Beute lauert, auf dem Stuhl und blickte vor sich hin. Mit einem Mal stand ihm die ganze Szenerie der Bökendorfer Katastrophe wieder vor Augen und riss Wunden auf, die er für vernarbt gehalten hatte. Ob Wilhelm Grimm noch mehr Neuigkeiten wusste? Heinrich bereute es, die Unterhaltung mit seiner Frau so abrupt beendet zu haben. Er ging leise in die Küche hinüber. Seine Frau wusch das Gemüse in einer Schüssel. „Entschuldige", sagte er und lehnte den Kopf gegen den Türrahmen, „hast du noch mehr erfahren? Ich meine, hat Grimm dir noch mehr von anderen Menschen erzählt?"

„Nein, nichts weiter. Ach, dass es seinem Bruder, dem Jacob, nicht gut geht. Er hatte es darauf eilig und wünschte uns alles Gute."

Straube nickte. Dann ging er leise in sein Arbeitszimmer und zog die Schreibtischschublade auf. Unter einem Stoß geordneter Papiere lag ein Briefchen, versehen mit einer Schleife. Er nahm es, wog es in der Hand, als könne er die Bedeutung seines Inhalts prüfen, dann legte er es an seinen Platz zurück. Sein Herz klopfte heftig, er spürte die schmerzlichen Schläge in der Brust.

„Nun wohnen die Grimms nicht weit von uns entfernt und wir haben keinen Kontakt miteinander", seufzte er. „ Gott weiß, wozu das gut ist."

Einmal noch reiste Straube nach Höxter zu Paul Wigand. Der hätte gern seinen Beruf als Richter aufgegeben, um die Stelle eines Archivars oder Bibliothekars anzutreten, denn die Rolle als Geschichtsforscher lag ihm eher am Herzen, doch die Verhandlungen mit dem zuständigen Ministerium in Berlin verliefen im Sande. Sein Schwiegersohn, der Marburger Professor Sylvester Jordan, der mit Minister Hassenpflug wegen politischer Differenzen im Clinch lag, setzte sich für eine Professur in Marburg ein, doch die schlug Wigand aus, weil er sich dem preußischen Staate verpflichtet fühlte, der ihm die Treue später dankte. Jetzt arbeitete Wigand an einer Arbeit über „Das Femgericht Westfalens", die ihm hohe Anerkennung einbringen und seine Reputation als sachkundiger Historiker festigen sollte. Kürzlich war er maßgebend an der Gründung des „Vereins für Geschichte und Altertums-kunde" beteiligt gewesen.

Wigand überlegte, ob er das Thema „Wünschelruthe" noch einmal aus der Versenkung hervorholen sollte, schließlich hatte Heinrich Straube seine Texte dafür mit Herzblut geschrieben.

„Es existiert einen Parallelfall zu deinem Algerier", sagte er, nachdem er eine Flasche „Streblinger Roten" geköpft hatte. „Der Fall wurde zwar nicht vor dem Gericht des alten Haxthausen verhandelt, doch es gibt eigenartige Zufälle. Zumindest was die Hinweise auf das Verbrechen betrifft. Auch hier hat ein Schnitzmesser den Vorgang an einem Baum dokumentiert. Der Mord erschütterte die Dörfer im nördlichen Kreis Höxter und darüber hinaus."

„Ach, was du nicht sagst, Paul. Davon habe ich nie gehört. Hätte ich es wissen müssen?"

„Nein, du warst mit anderen Dingen beschäftigt und die dumpfen Ereignisse in Bökendorf brannten dir noch auf der Seele. Vielleicht hätte die Droste dieses Ereignis lieber bearbeitet als die Geschichte mit dem Juden Pinnes, da doch August von Haxthausen ihr den ‚Algerier' auszureden versuchte."

„Lass hören", forderte Heinrich den Freund auf, nachdem der seine Lippen ins Weinglas getaucht hatte.

„1812 gab es in der Nähe des Köterberges zwei Weiler mit dem Namen ‚Falkenflucht'. Einen bewohnte die Witwe Angela Möller, im Volksmund ‚Falkenflüchters Engel' oder auch ‚Fluchtengel' genannt. Sie galt als sparsam, fleißig und ordentlich. Die ländliche Wirtschaft betrieb inzwischen ihr Sohn Christoph mit seiner Frau. Am Sonntag, dem 24. Mai 1812 machte sich Witwe Möller schon beizeiten auf den Weg zur Kirche in Bödexen. Sie beschied zuvor ihrer achtjährigen Tochter, die Kartoffeln zu schälen und für alles zu sorgen, bis sie am Mittag zurückkomme. Mit dem Rosenkranz in der Hand wanderte die Mutter den schmalen Fußweg durch den Wald, auch ‚Meinte' genannt, hinab in das in einem Talkessel gelegene Dorf. Diesen Weg nutzten des Sonntags viele Menschen zur Frühmesse. Ein Bauer, der ebenfalls diese Route gewählt hatte, bemerkte plötzlich neben dem Pfad eine in ihrem Blut liegende Frau. Sie lag, den Arm über dem Kopf, auf dem Gesicht. Auf Anrufe reagiert sie nicht. Der Bauer wollte dem Ort des Grauens entfliehen, doch da kamen noch einige Landsleute. Sie untersuchten die Frau, der Körper war noch warm, doch es ist kein Lebenszeichen mehr in ihr.

In Fürstenau wohnte der Bürgermeister, in der Franzosenzeit ‚Maire' genannt. Der begab sich mit einigen Leuten in den Wald und fand bestätigt, was der Bauer ihm erzählt hatte. Das Mordwerkzeug war nicht zu finden, dafür aber eine Nadelbüchse und einen Fingerhut. Sind es am Ende zwei Mörder gewesen, die der nichtsahnenden Angela Möllers aufgelauert und die schreckliche Tat vollbracht haben?

Der Maire ließ zwei Wächter neben der Leiche und schickte einen Boten zum Friedensrichter in Höxter, also zu mir. Du weißt ja, am 31. Dezember 1808 hatte mich der in Kassel residierende König Jerome Bonaparte, der Bruder Napoleons, nach Höxter versetzen lassen. Der Maire selbst begab sich zur ‚Falkenflucht', um die Todesnachricht zu überbringen. Sohn Christoph war allein, seine Frau, so sagte er, sei am Vorabend nach Köterberg und am anderen Morgen nach Höxter gegangen. Der Knecht ist bei den Pferden. Jetzt stell dir vor, Heinrich: Das Wehklagen ist groß, Christoph, der Sohn, rauft sich die Haare und wälzt sich am Boden, seine junge Schwester wehklagt ‚O, meine Mutter. Meine arme Mutter!'

Ich habe dann eine Obduktion angeordnet, und dabei kam heraus: Angela Möller ist mit einem stumpfen, schweren Gegenstand erschlagen worden. Die Hirnschale ist an mehreren Stellen gesprungen, jeder Schlag kann tödlich gewesen sein. Ein jammervoller Anblick auch für die vier noch unmündigen Kinder der Frau. Sohn Christoph kam als erster in Verdacht, mit dem Mord etwas zu tun zu haben.

Denn irgendwer hatte mir von Spannungen zwischen ihm und seiner Mutter erzählt, weshalb sie kürzlich gerichtliche Hilfe in Anspruch nehmen musste. Auch die Stimmen derer, die Christoph kennen, sprachen gegen ihn."

„Das ist ja wie eine Geschichte aus dem Tollhaus", rief Heinrich Straube und schlug sich auf die Schenkel.

Oh, es kommt noch toller! Ich ließ Christoph verhaften und leitete eine Untersuchung ein. Es kam manches zutage, was gegen den ältesten Sohn der Witwe sprach, aber am Ende doch nicht ausreichte, um ihn länger zu arretieren. In den Verhören mit dem Knecht fiel der Name ,Grave', ein Deserteur und Gauner, der eine Frau im Lippischen hat, bisher aber nicht gefasst worden ist, weil einige Dörfler seine Dienste in Anspruch nehmen und ihn verstecken. Der kleine Hirte von der Falkenflucht konnte berichten, Anton Grave sei ihm an jenem Sonntag frühmorgens begegnet und habe ihm befohlen, von dem Zusammentreffen ja niemandem zu erzählen. Er habe ihm am Ende mit erhobener Axt gedroht: „Junge, wenn du ein Wort sprichst, so hau ich dir den Kopf vom Rumpfe!"

Es kommt auch zur Sprache, Angela Möller habe der Frau des Grave angedeutet, ihr Mann hätte etwas mit einer Frau in Fürstenau, worauf die Betrogene ihren Mann zur Rechenschaft gezogen und ihm gesagt habe, sie wolle nichts mehr mit ihm zu tun haben. ,Das soll der alten Fluchtengel übel bekommen, sei darauf Graves Antwort gewesen.' Paul Wigand nahm noch einen Schluck Wein.

„Nun ja, Heinrich, du weißt, wie so etwas ist: Die Behörde strengte sich nun umso mehr an, den Bösewicht zu fassen, und es gelang ihr tatsächlich in der sechsten Nacht nach dem Mord, wo sie ihn inmitten räuberischen Gesindels antraf. Was nun zutage kam, war schrecklich genug. Christoph und seine Frau hegten schon lange Mordpläne gegen Mutter und Schwiegermutter, und der geeignetste Mörder schien ihnen Anton Grave zu sein. Sie beschenkten ihn mit Lebensmitteln, mit allerlei guten Dingen, sogar mit einer Stiege Linnen und anderen Sachen, und boten ihm am Ende auch die beste Kuh aus dem Stall an, doch Grave ließ noch manche gute Gelegenheit zur Tat verstreichen. Endlich wurde der Plan verwirklicht: Christophs Frau ging, wie bemerkt, am Vorabend nach Köterberg zu ihrer Mutter, Witwe Möller begab sich früh ins Bett, weil sie anderntags frühzeitig zur Kirche wollte. Grave schlich ins Haus und schlief Wand an Wand neben dem Mordopfer. Als Angela frühmorgens das Haus verlassen hatte, folgten ihr die beiden Halunken. Grave war muskulös und stämmig, Christoph, der sich im Hintergrund hielt, klein und schmächtig.

Als Angela Möller Grave erkannte, fragte sie ihn verwundert: „He, Anton, wo kommt Ihr denn so früh her?" Sie wechselten einige Worte, bis Christoph herangeschlichen kam, die Mutter am Nacken fasste und zu Boden warf. Unter den vereinten Schlägen hauchte Angela Möller ihr Leben aus. Die Leiche fortzuschaffen war keine Zeit mehr, das fand ich sehr merkwürdig. Die Tote einfach liegen zu lassen, war höchst nachlässig. Umso schneller wurde die Bluttat entdeckt."

„Und was geschah dann?", fragte Straube mit belegter Stimme.

„Da ist nicht mehr viel zu erzählen. Das Gericht der Geschworenen zu Kassel verhängte am 27. September 1812 über alle drei die Todesstrafe. Die Buche, unter der das Verbrechen geschah, wurde von der Corveyer Forstverwaltung lange geschont. In der Rinde befand sich die Jahreszahl 1812."

„Wie bei dem Juden".

„Ja, wie bei Pinnes."

Heinrich Straube wusste, dass Wigand mit Wilhelm und Jacob Grimm befreundet war und zwischen ihnen ein lebhafter Briefwechsel bestand. Unauffällig erkundigte er sich im abendlichen Gespräch beim „Streblinger Roten" nach ihren Kontakten zu den Bökendorfern, doch erfuhr er nicht, worauf er im Geheimen gehofft hatte:

Schloss Bökerhof in Bökendorf

Welchen Austausch es mit der Hülshoffer Verwandtschaft in jüngster Zeit gegeben habe und ob die Komtesse Annette daran beteiligt gewesen sei. Dafür erzählte ihm Paul, dass er 50 Volkslieder zum Buch „Des Knaben Wunderhorn" beigesteuert habe. „Und stell dir vor, ich habe sie mir alle von unserem Dienstmädchen im Kasseler Elternhaus vorsingen lassen. Sie hat eine angenehme Stimme." Da Wigand mit einer Reihe von Romantikern korrespondierte, kam der Gesprächsstrom nicht zum Erliegen. Die Armins, Brentanos, E.T.A. Hoffmann, Heinrich Hoffmann von Fallersleben - hätte die „Wünschelruthe" auf ihre Geschichten und Gedichte zurückgreifen können, wäre ihre Existenz vermutlich nicht von so kurzer Dauer gewesen.

Auf dem Weg zur Poststation stand plötzlich, wie dem Boden entsprungen, Elisabeth vor ihm. Er sah das bleiche Gesicht der früheren Bökendorfer Magd und ein plötzlicher Schmerz zerriss seine heiteren Gedanken.

„Den hohen Herrn zu treffen, ist mir eine besondere Ehre", lächelte sie, doch es klang leicht bedrückt.

„Der hohe Herr legt dich gleich übers Knie, wenn du weiterhin vom hohen Herrn sprichst."

Sie gaben sich scheu die Hand. Dabei hätte jeder den anderen am liebsten umarmt.

„Ich denke oft an Bökendorf", sagte Straube. „Ich habe dort glückliche Stunden verlebt."

„Und ich denke oft an dich und an das, was du mir gesagt hast."

„So hast du deinen Weg also angetreten, obgleich der Wegweiser deiner Seele in eine andere Richtung wies?"

„Still, bitte, sprich nicht davon. Hauptsache, du bist glücklich mit deiner Frau. Bist du es?"

Straube lächelte. Er sah die Postkutsche kommen. Ohne ein weiteres Wort wandte er sich der Haltestelle zu.

Die Nachricht, dass Heine wieder im Lande sei, lenkte Straubes Gedanken in andere Bahnen. Wegen eines Duells war der Freund von der Universität Göttingen verwiesen worden, doch jetzt hatte sich die Sache beruhigt, la situation s'est calmée, und jetzt konnte er auch ein Gedicht über die Hamburger Wichtigtuer an seinen „Lausengel" nach Kassel schicken.

„Ich lache ob den Gimpeln und den Laffen.
Die mach anglotzen und lauwarm nüchtern
ich lache ob den kalten Bocksgesichtern,
die hämisch mich beschnüffeln und begaffen."

„Das Buch der Lieder" war Heinrich Heines wohl bekanntestes Buch. In einem Brief vom 16. November 1826 an Friedrich Merckel fragte der Autor an: „Einige Freunde dringen drauf, dass ich eine auserlesene Gedichtsammlung, chronologisch geordnet und streng gewählt, herausgeben soll, und glauben, dass sie eben so populär wie die Bürgersche, Goethische und Uhlandsche u. s. w. werden wird. Varnhagen gibt mir in dieser Hinsicht manche Regeln. Ich würde einen Teil meiner ersten Gedichte aufnehmen [...] ich wollte für dieses Buch keinen Schilling verlangen, die Wohlfeilheit und die andern Erfordernisse des Popularwerdens wären meine einzigen Rücksichten, es wär' meine Freude, Maurern und Dümmlern zu zeigen, dass ich mir doch zu helfen weiß, und dieses Buch würde mein Hauptbuch sein und ein psychologisches Bild von mir geben, - die trüb-ernsten Jugendgedichte, das ‚Intermezzo' mit der Heimkehr verbunden, reine blühende Gedichte, z. B. die aus der ‚Harzreise`, und einige neue, und zum Schluss die sämtlichen kolossalen Epigramme. Hör' doch mal aus Campe heraus, ob ihm solch ein Plan nicht missfällt, und ob er solchem Buch - es wär' keine gewöhnliche Gedichtsammlung - Absatz verspricht".

Julius Campe zögerte zunächst, das Buch zu drucken, doch änderte er seine Meinung und legte es doch auf. Im Oktober 1828 fuhr Jenny von Droste-Hülshoff abermals nach Kassel, doch Wilhelm Grimm war nicht da, er weilte bei Verwandten in Marburg. Sie sahen sich nie wieder. Denn als sich Jenny im August 1831 vor ihrer Reise in die Schweiz längere Zeit bei einer Verwandten in Kassel aufhielt, waren die Brüder inzwischen nach Göttingen übergesiedelt. Von dieser Schweizreise, die über Nizza nach Rom führen sollte, erhoffte sich auch Annette von Droste-Hülshoff eine bereichernde Neuorientierung. Mit von der Partie sollten Onkel Fritz, Werner, Sofie und Ludowine von Haxthausen sein. Doch auch diese Italienreise verlief im Sande. Gesundheitlich angeschlagen und angesichts der politischen Lage durch die Julirevolution stornierten die Hülshoffer ihre Reisevorbereitungen in letzter Minute. Die Koffer waren indes schon vorausgeschickt.

Während ihres Aufenthaltes in Bonn 1830/31 gedieh der Plan der Droste, mit der Freundin und Bankiersgattin Sybille Mertens nach Vevey in die Schweiz zu reisen. Für diese „Lustreise" besaß Annettes Mutter kein Verständnis. In einem Brief vom 18. Juli 1831 an Sophie von Haxthausen beschwerte sie sich wortreich, dass die Mertens körperlich und geistig krank sei und Annette zumute, die Hälfte ihrer Reisekosten zu übernehmen.

Überhaupt das Reisen: Die Mutter versuche, entsprechende Vorhaben zu vereiteln. Auch einer Einladung ihrer Cousine Amalie von Heeremann Zuydtwyck nach Genua kam Annette 1836 nicht nach. Indes schien das zunehmende Alter sie am Reisen zu hindern. Sie vergrub sich lieber in ihr „Schneckenhaus". Am meisten vermisste sie Jenny, die in der Schweiz glücklich verheiratet war und in ihrem Salon u.a. auch Ludwig Uhland begrüßen konnte. „Ich bin eine Stockmünsterländerin", bekannte Annette, „und finde den münsterischen Mond bedeutend gelber als den Schweizer", meinte sie vor ihrer Reise im Sommer 1835 nach Eppishausen. Doch als die Meersburg in den Besitz ihres Schwagers überging, schätzte sie die freie Atmosphäre dort und weil sie vor „Nachrede und pikiertem Wesen" sicher war. Manchmal traten alte Erlebnisse in Bökendorf nach Jahrzehnten der Abwesenheit noch einmal an die Oberfläche. So schrieb sie 1844 an ihre Freundin Elise Rüdiger vom Bodensee: „Ich habe Ihnen ja schon früher erzählt, wie wir sämtlichen Cousinen haxthausischer Branche durch die bittere Not gezwungen wurden, uns um den Beifall der Löwen zu bemühen, die die Onkels von Zeit zu Zeit mitbrachten, um ihr Urteil danach zu regulieren, wo wir dann nachher einen Himmel oder eine Hölle im Hause hatten, nachdem diese uns hoch oder niedrig gestellt.

Glauben Sie mir, wir waren arme Tiere, die ums liebe Leben kämpften, und namentlich Wilhelm Grimm hat mir durch sein Missfallen jahrelang den bittersten Hohn und jede Art von Zurücksetzung bereitet, so dass ich mir tausendmal den Tod gewünscht habe. Ich war damals sehr jung, sehr trotzig und sehr unglücklich, und tat, was ich konnte, um mich durchzuschlagen."

Obgleich Annette manches an der Mutter auszusetzen gehabt hätte - sie nahm sich zurück. Das schuldete sie der kindlichen Treue und Wertschätzung. Literarische Förderung konnte sie von ihr nicht erwarten, wenn sie selbst auch als sehr gebildet galt. Die Droste urteilte über ihre Mutter, sie sei „eine kluge, rasche, tüchtige Hausregentin, die dem Kühnsten wohl zu imponieren versteht und, was ihr zur Ehre gereicht, eine so warme, bis zur Begeisterung anerkennende Freundin des Mannes, der eigentlich keinen Willen hat als den ihrigen, dass alle Frauen, die Hosen tragen, sich wohl daran spiegeln möchten. Es ist höchst angenehm, dieses Verhältnis zu beobachten; ohne Frage steht diese Frau geistig höher als ihr Mann, aber selten ist das Gemüt so vom Verstand hochgeachtet worden; sie verbirgt ihre Obergewalt nicht, wie schlaue Frauen wohl tun, sondern sie ehrt den Herrn wirklich aus Herzensgrund, weiß jede klarere Seite seines Verstandes, jede festere seines Charakters mit dem Scharfsinn der Liebe aufzufassen und hält die Zügel nur, weil der Herr eben zu gut sei, um mit der schlimmen Welt auszukommen..."

Annettes Vater hatte sich lange mit dem Phänomen der Doppelgängerei beschäftigt, für ihn eine zweite Wirklichkeit. Vielen Münsterländern sagte man diese Eigenschaft nach, und auch die Droste selbst kam in den begründeten Verdacht, an übernatürliche Erscheinungsbilder zu glauben oder sogar das ‚Zweite Gesicht' zu haben. Vorgesichte, „Spökenkiekerei", „die Blassen im Heideland", „die Seher der Nacht" - dazu war die in leichten Nebel getauchte Landschaft wie geschaffen. Da wurden sich im Wind neigende Bäume zur Nachtzeit leicht zu sich zunickenden dunkel gekleideten Herren. In „Das Fräulein von Rodenschild'" verarbeitete die Dichterin eine mystische Erfahrung:

Das Fräulein von Rodenschild

Sind denn so schwül die Nächt' im April?
Oder ist so siedend jungfräulich' Blut?
Sie schließt die Wimper, sie liegt so still,
Und horcht des Herzens pochender Flut.
„O will es denn nimmer und nimmer tagen!
O will denn nicht endlich die Stunde schlagen!
Ich wache, und selbst der Seiger ruht!

Doch horch! es summt, eins, zwei und drei, -
Noch immer fort? - sechs, sieben und acht,
Elf, zwölf, - o Himmel, war das ein Schrei?
Doch nein, Gesang steigt über der Wacht,
Nun wird mir 's klar, mit frommem Munde
Begrüßt das Hausgesinde die Stunde,
Anbrach die hochheilige Osternacht."

Seit ab das Fräulein die Kissen stößt,

Und wie eine Hinde vom Lager setzt,

Sie hat des Mieders Schleifen gelöst,

In 's Häubchen drängt sie die Locken jetzt,

Dann leise das Fenster öffnend, leise,

Horcht sie der mälig schwellenden Weise,

Vom wimmernden Schrei der Eule durchsetzt.

O dunkel die Nacht! und schaurig der Wind!

Die Fahnen wirbeln am knarrenden Tor, -

Da tritt aus der Halle das Hausgesind'

Mit Blendlaternen und einzeln vor.

Der Pförtner dehnet sich, halb schon träumend,

Am Dochte zupfet der Jäger säumend,

Und wie ein Oger gähnet der Mohr.

Was ist? - wie das auseinander schnellt!

In Reihen ordnen die Männer sich,

Und eine Wacht vor die Dirnen stellt

Die graue Zofe sich ehrbarlich,

„Ward ich gesehn an des Vorhangs Lücke?

Doch nein, zum Balkone starren die Blicke,

Nun langsam wenden die Häupter sich."

„O weh meine Augen! bin ich verrückt?

Was gleitet entlang das Treppengeländ?

Hab! ich nicht so aus dem Spiegel geblickt?

Das sind meine Glieder, - welch ein Geblend'!

Nun hebt es die Hände, wie Zwirnes Flocken,

Das ist mein Strich über Stirn und Locken!

Weh, bin ich toll, oder nahet mein End?"

Das Fräulein erbleicht und wieder erglüht,

Das Fräulein wendet die Blicke nicht,

Und leise rührend die Stufen zieht

Am Steingelände das Nebelgesicht,

In seiner Rechten trägt es die Lampe,

Ihr Flämmchen zittert über der Rampe,

Verdämmernd, blau, wie ein Elfenlicht.

Nun schwebt es unter dem Sternendom,

Nachtwandlern gleich in Traumes Geleit,

Nun durch die Reihen zieht das Phantom,

Und Jeder tritt einen Schritt zur Seit. -

Nun lautlos gleitet 's über die Schwelle, -

Nun wieder drinnen erscheint die Helle,

Hinauf sich windend die Stiegen breit.

Das Fräulein hört das Gemurmel nicht,

Sieht nicht die Blicke, stier und verscheucht,

Fest folgt ihr Auge dem bläulichen Licht

Wie dunstig über die Scheiben es streicht.

- Nun ist 's im Saale - nun im Archive -

Nun steht es still an der Nische Tiefe -

Nun matter, matter, - ha! es erbleicht!

„Du sollst mir stehen! ich will dich fahn!"

Und wie ein Aal die beherzte Maid

Durch Nacht und Krümmen schlüpft ihre Bahn,

Hier droht ein Stoß, dort häkelt das Kleid,

Leis tritt sie, leise, o Geistersinne

Sind scharf! Dass nicht das Gesicht entrinne!

Ja, mutig ist sie, bei meinem Eid!

Ein dunkler Rahmen, Archives Tor;

- Ha, Schloss und Riegel! - sie steht gebannt,

Sacht, sacht das Auge und dann das Ohr

Drückt zögernd sie an der Spalte Rand,

Tief dunkel drinnen - doch einem Rauschen

Der Pergamente glaubt sie zu lauschen,

Und einem Streichen entlang der Wand.

So niederkämpfend des Herzens Schlag,

Hält sie den Odem, sie lauscht, sie neigt -

Was dämmert ihr zur Seite gemach?

Ein Glühwurmleuchten - es schwillt, es steigt,

Und Arm an Arme, auf Schrittes Weite,

Lehnt das Gespenst an der Pforte Breite,

Gleich ihr zur Nachbarspalte gebeugt.

Sie fährt zurück, - das Gebilde auch -

Dann tritt sie näher - so die Gestalt -

Nun stehen die Beiden, Auge in Aug',

Und bohren sich an mit Vampires Gewalt.

117

Das gleiche Häubchen decket die Locken,
Das gleiche Linnen, wie Schnees Flocken,
Gleich ordnungslos um die Glieder wallt.

Langsam das Fräulein die Rechte streckt,
Und langsam, wie aus der Spiegelwand,
Sich Linie um Linie entgegen reckt
Mit gleichem Rubine die gleiche Hand;
Nun rührt sich 's - die Lebendige spüret
Als ob ein Luftzug schneidend sie rühret,
Der Schemen dämmert, - zerrinnt - entschwand.

Und wo im Saale der Reihen fliegt,
Da siehst ein Mädchen du, schön und wild,
- Vor Jahren hat 's eine Weile gesiecht -
Das stets in den Handschuh die Rechte hüllt.
Man sagt, kalt sei sie wie Eises Flimmer,
Doch lustig die Maid, sie hieß ja immer:
„Das tolle Fräulein von Rodenschild."

Es bestand hier und dort in katholischen Ländern die Sitte, am Vorabende des Oster-
und Weihnachtstages den zwölften Glockenschlag abzuwarten, um den Eintritt des
Festes mit einem frommen Lied zu begrüßen.

Seiger: Sand-, Wasseruhr.
Hinde: Hirschkuh.
Oger: menschenfressendes Ungeheuer in franz. Märchen, besonders bekannt durch
sein Schnarchen: ronfler comme un ogre.

Elfenlicht: In der germanischen Sage und im Märchen sind Elfen Lichtgestalten, die als
Seelen von Toten, Fruchtbarkeitsmächte oder als Haus- und Wassergeister erscheinen.
bläulichen Licht: verweist auf gespenstisches Phänomen.
Fahn: fahen: ergreifen.

In späteren Jahren berichtete Annette von Droste-Hülshoff ihrer Schwester Jenny von einem sonderbaren Fall: „Es hat sich etwas Sonderbares bei ihrem Tode (Viktoriane von Twickel, gestorben am 22. Juli 1840) zugetragen: Als Karl (von Twickel) in der letzten oder einer der letzten Nächte bei ihr wacht, sieht er mit einem Male, nachdem er zuvor eine Weile nicht hingesehen, an ihrem Bette ganz deutlich einen Mann stehen in einer Jesuitentracht, der sich über sie beugt und fortwährend zu ihr spricht, aber leise. Karl sieht eine ganze Weile starr hin, und es bleibt immer, so dass er alles, Kleidung, Figur, genau beschrieben hat. Mit einmal verschwindet 's wie ein Nebel. Karl geht ans Bette. Viktorine schläft, wird aber gerade wach und sagt: „Kurios! Es war mir, als wenn eben jemand die ganze Zeit zu mir gesprochen hätte." „Wer denn?", fragt Karl. Sie sagt: „Ich weiß es nicht, aber er sagte: ich sollte den Husten zurückhalten und etwas trinken." Ob er mehr gesprochen, sagte er nicht, und Karl mochte ihr auch nichts von der Erscheinung sagen... Alle meinen aber, es sei Viktorines Beichtvater... gewesen, ...den sie oft grade so beschrieben. Ob dieser nun lebt oder tot ist wissen sie nicht, oder wussten es doch nicht, wie mir dieses erzählt wurde.

In der Zwischenzeit, 1832, war Straube zum Staatsanwalt für die Provinz Niederhessen befördert worden. Er arbeitete wie ein Besessener. Was seine Frau ihm einst erzählt hatte, ließ die Vergangenheit gelegentlich wieder vor ihm erstehen, jene glückliche Zeit, die er im Schloss Bökerhof und seinen Initiatoren verbracht hatte. Ist nun ihr linkes Auge kurzsichtig, fragte sich Heinrich Straube, wenn er manchmal ein Bild von Annette aus der Schreibtischschublade zog, oder war es das rechte? Er mochte beides nicht gelten lassen, denn an einem geliebten Menschen gab es nichts Nachteiliges.

Auf Umwegen hatte er gehört, dass sich die Baronesse wenigstens einmal in Kassel aufgehalten hatte, Gast im Hause Grimm und bei den Hassenpflugs gewesen war. Sie hatte wohl nicht nach ihm gefragt, hatte keine Gelegenheit genutzt, ihm ein Briefchen oder eine Botschaft zukommen zu lassen. Straube konnte nicht glauben, dass er für die Droste wohl ein Intrigant war, einer, der sich mit Arnswaldt gegen sie verschworen hatte. Zu leichtfertig war er den dunklen Machenschaften des Spötters erlegen gewesen. Das sah er heute ein, aber an der wahren Gesinnung Annettes hatte er auch seinen Zweifel. Vielleicht war es gut, sich aus dem Wege zu gehen und nur an die berufliche Zukunft zu denken.

Haus Rüschhaus bei Münster, Wohnsitz von Annette Droste-Hülshoff

Annette gab dem Rüschhaus seine standesgemäße Würde. Es hatte lange gedauert, bis sie begriff, dass ihr nun kein eigenes Gefährt mehr zur Verfügung stand, es sei denn, sie forderte rechtzeitig eine Kutsche in Hülshoff an. Das aber vermied sie. Alle für sie jetzt wichtigen Ziele waren im Sommer zu Fuß zu erreichen. Nach Hülshoff ging man vom Rüschhaus etwa eine Stunde. Ebenso nach Münster oder Nienberge. Der Weg halbierte sich, weil man schon nach einer halben Stunde die Silhouetten der Ortschaften auftauchen sah. Bei schlechtem Wetter blieb Annette lieber zu Hause und

120

steckte die Füße in den wärmenden Fußmuff. Bei Regen mit dem Schirm unterwegs zu sein hielt sie für schädlich und überaus unpoetisch. Und dennoch liebte sie bestimmte Fußwege, die sie mehrmals beschritt. Von Breckfelds Mühle zum Beispiel, die seit 1500 bestand, zur „Krummen Becke". In ihrem Stückwerk „Ledwina" fragte sie: „Warum wählst du immer den verdrießlichen Weg am Flusse ‚die Aaa', Ledwina? ... Ich habe den Weg einmal sehr lieb, versetzte Ledwina. Ich glaube, das Wasser tut viel dazu...

Die Gegend könnte malerisch noch viel schlechter sein, wie sie ist, sagte Ledwina, und mir bliebe sie doch lieb; von den Erinnerungen, die in jedem Baue wohnen, will ich gar nicht reden; denn so kann nichts mit ihr verglichen werden; aber so, wie sie dasteht, und überall, wäre sie mir höchst ansprechend und wert... Die Weiden zum Beispiel. versetzte Ledwina, ... haben für mich etwas Rührendes; sie zeigen eine sonderbare Verwechslung in der Natur: Die Zweige farbicht, die Blätter grau, sie kommen mir vor, wie schöne, aber schwächliche Kinder, denen der Schrecken in einer Nacht das Haar gebleicht..."

Das Rüschhaus war vor Annettes Zeit nicht der gepflegte Witwensitz, sondern ein Hof mit bäuerlichem Charakter. Ein Nutzgarten mit Gemüsebeeten und Obstbäumen unterstützte die hauseigene Versorgung. Diener „Hermann backt jetzt Pflaumen, wir haben Obst im Überfluss, auch Kartoffeln und Gemüse sind gut geraten und das Korn ist gut nach Hause gekommen. Wir haben auch ein Viertel von einem Rinde gekauft und eingesalzen, und das Schweinchen nimmt gut zu. Kurz, es ist alles wie es muss in einer wohlgeordneten Haushaltung", notierte die Dichterin über ihren Alltag.

Die lautlose Abgeschiedenheit regte zu manchen literarischen Versuchen an. Drei große Versepen brannten ihr auf der Seele und sie feilte an ihnen, bis ihre Gestalt vollkommen war.

„Das Hospiz auf dem großen St. Bernhard", „Die Schlacht im Loener Bruch" und „Des Arztes Vermächtnis."

Manchmal kamen Gäste zu ihr hinaus, das waren Festtage für sie. Gern gedachte sie ihrer sechs Jahre älteren Freundin Katharina Sibylla Schücking, geb. Busch, deren Sohn Levin jeweils dienstags zu ihr hinaus wanderte und in ihrem Leben noch eine zwiespältige Rolle spielen sollte. Doch fand er die Zeit, die Droste genau zu beobachten und über sie zu schreiben: „Diese wie ganz durchgeistigte, leicht dahin Schwebende, bis zur Unkörperlichkeit zarte Gestalt hatte etwas Fremdartiges, Elfenhaftes; sie war fast wie ein Gebilde aus einem Märchen. Die auffallend breite, hohe und ausgebildete Stirn war umgeben mit einer ungewöhnlich reichen Fülle hellblonden Haares, das zu einer hohen Krone aufgewunden auf dem Scheitel befestigt war. Die Nase war lang, fein und scharf geschnitten. Auffallend schön war der zierliche, kleine Mund mit den beim Sprechen von Anmut umlagerten Lippen und feinen Perlenzähnen. Der ganze Kopf aber war zumeist etwas vorgebeugt, als ob es der zarten Gestalt schwer werde, ihn zu tragen; oder wegen der Gewohnheit, ihr kurzsichtiges Auge ganz dicht auf die Gegenstände zu senken. Zuweilen aber hob sie den Kopf, um ganz aufrecht den zu fixieren, der vor ihr stand; und namentlich dann, wenn sie irgendeine humoristische Bemerkung oder einen Scherz machte dann hob sich lächelnd ihr Haupt, und wenn sie neckte, lag dabei auf ihrem Gesicht etwas von einem vergnügten Selbstbewusstsein, von einem harmlosen Übermut, der aus dem ganz außergewöhnlich großen, trotz seiner Gutmütigkeit so scharf blickenden Auge leuchtete."

Katharinas literarisches Talent war durch den Münsteraner Dichter Anton Matthias Sprickmann entdeckt und gefördert worden und hatte auch eine gewisse Ausstrahlung auf die junge Annette von Droste-Hülshoff. Katharinas Gedichte waren gegen ihren Willen unter ihrem Namen und Wohnort erschienen und hatten zu Gelächter und

Spott geführt. Doch das minderte nichts an ihrer Schaffenskraft und Begabung. Sie war „Westfalens Dichterin". Einmal aber bekannte sie in einem Brief an Sprickmann: „Wäre ich doch kein Weib geworden, das sich so geduldig in all die Fesseln und Einschränkungen des bürgerlichen Lebens schmiegen muss, und das so verschieden auch die Charaktere und seine Geisteskraft sein mögen, doch immer sich derselben Bestimmung fügen muss."

Annette selbst sagte von sich, dass sie im Rüschhaus „nach der alten Weise still" vor sich hinlebe, auf ärztlichen Rat einige Stunden spazieren gehe und sich mit ihren Sammlungen amüsiere und durch ihre Freunde auch etwas von der neuen Literatur erfahre. Ein Tag gleiche dem anderen, und wenn jemand einen Tag ihres Lebens betrachte, so habe er alle gesehen. Diese Abgeschiedenheit am „unveränderlichsten Ort..., wo man den Flug der Zeit am wenigsten gewahr wird", passte ihrer Mutter nicht. Erst recht nicht, dass sie sich von der weitläufigen Verwandtschaft möglichst fernhielt und sie ihre Kontakte auf die nächsten Angehörigen beschränkte.

„Ich kann oft nicht begreifen", schrieb Therese Luise im November 1832, „wie Nette so fortleben kann ohne Briefe zu bekommen und zu schreiben, mir wäre es unmöglich." Obgleich die Freiin sich dem dichterischen Werk ihrer Tochter nur schwer öffnete, verfasste Annette doch die schönsten Verse für sie.

An meine Mutter

So gern hätt! ich ein schönes Lied gemacht,
Von deiner Liebe, deiner treuen Weise,
Die Gabe, die für andre immer wacht,
Hätt' ich so gern geweckt zu deinem Preise.

Doch wie ich auch gesonnen mehr und mehr,

Und wie ich auch die Reime mochte stellen,

Des Herzens Fluten rollten drüber her,

Zerstörten mir des Liedes zarte Wellen.

So nimm die einfach schlichte Gabe hin,

Vom einfach ungeschmückten Wort getragen,

Und meine ganze Seele nimm darin;

Wo man am meisten fühlt, weiß man nicht viel zu sagen.

Der Zwiespalt, in dem Annette seit ihrem 28. Lebensjahr, dem Jahr der Übersiedlung ins Rüschhaus, lebte, muss ihr seelisch stark zugesetzt haben. Ausweichen wohin? Im Winter hielt sie sich mehrfach im Wasserschloss Hülshoff auf, wo ihr jüngerer Bruder Werner Constantin einer vielköpfigen Familie vorstand. Kindergeschrei der Nichten, Neffen und Kusinen und Pflegedienste an den Kranken raubten ihr den Nerv und sie fand kaum Zeit, an ihren literarischen Werken zu arbeiten. Die Aa war ein launischer Fluss. Trat er in Regenzeiten über die Ufer, überschwemmte er Wiesen und Wege und es war kein Fortkommen. Selbst die Kutscher hatten Mühe, Pferdefuhrwerke sicher ans Ziel zu bugsieren. Einmal vermerkte die Dichterin: „Ich bin seit Ostern hier in Hülshoff und wollte heute zurückgehen nach Rüschhaus, aber nun regnet es, und ich muss gutes Wetter abwarten, da der Weg von hier nach Rüschhaus gar nicht zu fahren ist".

Ein treuer Besucher war der Hofkaplan Caspar Wilmsen, der über Jahre getreu von Hülshoff nach Rüschhaus kam, um die Gottesdienste zu feiern. Wenn er unabkömmlich war, besuchte die Droste die Nienberger Pfarrkirche. Der Weg dorthin war zwar nur eine halbe Stunde weit, doch bei schlechtem Wetter „ein Weg zum Versinken", wie sie einmal ihrer Freundin Elise Rüdiger schrieb. Auch machte ihr die

„kalte Kellerluft'" der Kirchen zu schaffen. Mit Elise Rüdiger verband Annette von Droste-Hülshoff eine langjährige Freundschaft. „Was wäre ich ohne dich geworden?", bekannte Annette einmal der 15 Jahre jüngeren, aber forschen Münsteranerin, die bereits einige Werke im „Mindener Sonntagsblatt" publiziert hatte. Geprägt vom literarischen Salon ihrer Mutter, Elise von Hohenhausen, hatte die Tochter schon früh Kontakte mit anderen schreibenden Frauen. Diese „Hecken-Schriftstellergesellschaft", wie Annette sie nannte, stärkte ihr Selbstwertgefühl. Hier trafen sich Gleichgesinnte. „Lies vor!", ermunterte Elise Rüdiger die Freundin, „stell dein Licht nicht unter den Tisch. Du stehst einer Adele Schopenhauer nicht nach. Und erst recht nicht diesem Schnösel Ferdinand Freiligrath, der unseren Zirkel demonstrativ keines Besuches würdigt. Du bist ein herausragendes Beispiel für schreibende Frauen. Ich lasse nichts auf dich kommen. Also, sei nicht so kleinmütig. Du wirst deinen Weg finden."

„Ich freue mich ja, dass du mir Mut machst und ich bin dir dankbar dafür, aber wie soll ich aus dieser räumlichen Enge, in der ich lebe, meinen Weg finden?"

Solche Argumente ließ Elise nicht gelten. „Alles Große hat eine kleine Zelle, aus der es erwächst. Wir haben gemeinsame Interessen und vertrauen einander. Das ist das wichtigste Merkmal unserer Beziehung. Also, vertraue. Ich werde dir Beiträge für die ‚Kölnische Zeitung' vermitteln. Und noch etwas: Wir sollten ein gemeinsames Buchprojekt, eine Sammlung von Novellen, planen."

„Kommen wir damit nicht den Brüdern Grimm in die Quere?"

„Na und? Was gehen uns die Brüder an? Sie sonnen sich im Ruhm, zu dem andere ihnen durch ihre Sammelarbeit an Märchen und Sagen verholfen haben."

Das Novellenbuch kam nicht zustande. Doch die gegenseitige Unterstützung bei ihrer literarischen Arbeit war eine Säule, die ein Haus hätte tragen können.

An ihre Schwester Jenny, die inzwischen mit dem Freiherrn von Laßberg verheiratet war, schrieb die Droste am 29. Januar 1839 vom Rüschhaus aus und gab damit eine ausführliche Schilderung über die Akzeptanz ihrer Gedichte:

„In Münster hat sich bei der Rätin Rüdiger (einer sehr netten und anspruchslosen Frau und Tochter der bekannten Elise von Hohenhausen) ein kleiner Klub von angehenden Schriftstellern gebildet, die jeden Sonntag abends dort zusammenkommen, um zu deliberieren und einander zu kritisieren. Er besteht aus einer Tante der Rüdiger, Henriette von Hohenhausen (die ein Bändchen sehr hübscher Erzählungen geschrieben hat), der Bornstedt, Levin Schücking, Junkmann und meiner Wenigkeit, wenn ich mal grade in Münster bin. Der Bornstedt ihre Schreiberei bedeutet nicht viel, doch verdirbt sie keinen Stoff ganz, ist in allen Sätteln gerecht, und liefert, wie die Verleger es verlangen, bald eine Erzählung, bald einen Operntext, Gedichte, Heiligenlegenden, aber immer anonym, und hat schon viel Geld damit verdient. Du hast wahrscheinlich schon was von ihr lesen, ohne es zu wissen, denn sie paradiert fast in allen Taschenbüchern und Journalen. Sie ist Berlinerin, Konvertitin, und erinnert mich 100 mal an Tante Dorly, obwohl sie zehnmal mehr Verstand und 100 mal mehr Geist hat. Sie hat mich zu ihrer Herzensfreundin erwählt, ich mag sie aber nicht besonders. Dagegen gefällt mir die Tante Hohenhausen (nicht zu verwechseln mit Elise von Hohenhausen) ungemein. Sie ist schon alt, bucklig und äußerst schwächlich, aber die Güte, Freundlichkeit und vor allem die Bescheidenheit selbst. Die Bornstedt verachtet sie ihres etwas altfränkischen und sehr einfachen Stiles halber, und weil sie nichts als ein kleines Bändchen Erzählungen geschrieben, worin auch nicht ein einziger Knalleffekt vorkommt. Ich aber weiß wohl, dass ich sehr froh sein würde, wenn ich so

126

gut erzählen könnte, und dass die Bornstedt in ihrem ganzen Leben nicht so gut schreiben wird. So halte ich der Bornstedt resolut die Stange, die zuweilen ihren Übermut gegen diese liebenswürdige sanfte Person gar nicht zurückhalten kann, aber wenn sie schweigt, so tue ich es desto weniger und bin auch nicht aufs Maul gefallen.

Levin Schücking 1848

Levin Schücking musst Du kennen, da er schon früher mit dem Vikarius Specht in Rüschhaus war. Er ist der Sohn von Katharina Busch; sein Vater ist nach der Mutter Tode seines Amtes entsetzt und nach mancherlei Drangsalen und klatrigen Streichen endlich nach Amerika gegangen. Levin ist in Münster geblieben und ernährt sich durch Unterricht im Englischen und Schriftstellerei. Mit letzterer ließ es sich anfangs schlecht an, da seine Gedichte sich keineswegs auszeichnen und seine dramatischen Produkte noch weniger (ich vermute, dass das Gedicht in einem der letzten Unterhaltungsblätter „auf eine Gabe von unbekannter Hand" von ihm ist, wenigstens ist es durchaus sein Stil, den Du daraus abnehmen kannst); jetzt aber hat er sich seit einem Jahr in das kritische Fach geworfen, worin er viel Beifall findet und viel Geld verdient, da alle dergleichen Zeitschriften ihn zum Mitarbeiter haben wollen und stark bezahlen. Er hat ohne Zweifel das feinste Urteil in unserem kleinen Klub, und es ist seltsam, wie jemand so scharf und richtig urteilen und selbst so mittelmäßig schreiben kann. Er erinnert mich oft an Schlegel, ist sehr geistreich und überaus gefällig, aber doch so eitel, aufgeblasen und lapsig, dass es mir schwer wird, billig gegen ihn zu sein. Er soll sehr moralisch gut und so gelehrt sein, wie nicht leicht jemand seines Alters, denn er ist erst in den Zwanzigen. Da hast Du unsere kleine Hecken-Schriftstellergesellschaft, und es sollte mir leid tun, wenn ich Dich damit ennuyiert hätte. Mit meinem Buche ging es mir zuerst schlecht. Ich war in Bökendorf mit Sophie und Fritz allein, als es herauskam, hörte nichts darüber und wollte absichtlich mich auch nicht erkundigen. Da kommt mit einem Male ein ganzer Brast Exemplare von der Fürstenberg an alles, was in Hinnenburg lebt, an Fränzchen, Asseburg, Diederich, Mimy, Anna und Ferdinand, Thereschen, Sophie. Ferdinand (Galen) gibt die erste Stimme, erklärt alles für reinen Plunder, für unverständlich, konfus und begreift nicht, wie eine scheinbar vernünftige Person solches Zeug habe schreiben können. Nun tun alle die Mäuler auf und begreifen alle miteinander nicht, wie ich mich habe so blamieren können.

Sophie, die, wie Du weißt, nur zu viel Wert auf der Leute Urteil legt, und einen mitunter gern etwas demütigt, war unfreundlich genug, mir alles haarklein wiederzuerzählen, und war in der ersten Zeit ganz wunderlich gegen mich, als ob sie sich meiner schämte. Mir war schlecht zumute, denn obgleich ich nichts auf der Hinnenburger Urteil gab und auf Ferdinands noch weniger (der erst einige Tage zuvor von Goethe gesagt hatte, er sei ein Dummkopf und in einer Zeile von Schillers ‚Freude! schöner Götterfunken!' mehr enthalten als in allem, was Goethe geschrieben, vorzüglich sei sein Lied vom Fischer der Gipfel des Erbärmlichen, was denn der Inhalt sei? - ein gemeiner barfüßiger Kerl, der auf die langweiligste Weise so lange ins Wasser gucke, bis er herein plumpse etc.) - obschon nun, wie gesagt, das Urteil eines solchen Kritikers mich wenig rühren konnte, so musste ich doch zwischen diesen Leuten leben, die mich bald auf feine, bald auf plumpe Weise verhöhnten und aufziehen wollten.

Sophie war auch wie in den Schwanz gekniffen und legte gar keinen Wert darauf, dass nach und nach ganz andre Nachrichten aus Münster kamen, sondern sagte jedesmal: ‚Es ist ein Glück für Dich, dass Du diesen Leuten besseres Urteil zutraust als allen Hinnenburgern und Ferdinand Galen.'

Onkel Fritz war der einzige, den dies gar nicht rührte, und dem das Buch auf seine eigne Hand gefiel; doch wünschte ich mich tausendmal von dort weg. Hier angekommen, fand ich das Blatt gewendet. Die Gedichte wurden hier zwar nur wenig gelesen, da die meisten sich scheuen, an eine so endlose Zahl Verse zu gehen; aber die es gelesen hatten, erhoben es, ich muss selbst nach meiner Überzeugung sagen, weit über den Wert. Es waren bereits, als ich ankam, drei Rezensionen heraus. Eine zwar von einem Freunde, Lutterbek, die anderen aber von Gutzkow im ‚Telegraphen' und von einem Ungenannten, der sich [Zeichen] unterzeichnet, im ‚Sonntagsblatte', und alle drei bliesen so enorm, dass mir ängstlich darüber wurde; denn es nutzt nichts, über sein Verdienst erhoben zu werden; es reizt andre nur zum Widerspruch und kommt gewöhnlich ein Eimer kaltes Wasser hinten nach.

Jetzt schreibt mir Adele Schopenhauer, der ich ein Exemplar geschickt, dass es in Jena großen Beifall finde; sie müsse ihr Exemplar immer ausleihen, und der Buchhändler Friedrich Frommann, bei dem schon viel Nachfrage deshalb gewesen, habe es bei Hüffer bestellt; gegenwärtig schrieben D. B. L. Wolff und Kühne jeder eine Rezension darüber, mit der ich würde zufrieden sein können, da sie wüsste, dass beide sehr dafür eingenommen wären, obgleich ich keine so allgemeine Lobhudelei erwarten dürfte wie im ‚Telegraphen', sondern Lob, Tadel und völlige Aberkennung, was mir gewiss auch das liebste sein würde. Was will ich mehr? Es ist fast zu viel für den Anfang, ich fürchte, das schlimme Ende kömmt nach.

In Kassel haben es Hassenpflug, Malchen Hassenpflug und Jakob Grimm gelesen. Ersterem hat es gar nicht, Malchen nur teilweise und Jakob sehr gefallen. Malchen schrieb mir seine eigenen Worte, die Gedichte seien sehr gewandt in der Sprache, voll feiner Züge und vom Anfange bis zu Ende durchaus originell. Lege es mir nicht für Eitelkeit aus, dass ich Dir das alles so wieder schreibe. Wen soll es denn interessieren und freuen, wenn es Dich nicht freut? Ich habe doch noch Verdruss und Verlegenheit genug, denn jetzt, wo das Ding einen guten Fortgang hat, interessieren sich alle dafür, auch die Bökendorfer (id est Werner, August, Ludowine und Malchen Hassenpflug), und jeder Narr maßt sich eine Stimme an über das, was ich zunächst schreiben soll, und zwar mit einer Heftigkeit, dass ich denke, sie prügeln mich, wenn ich es anders mache, oder nehmen es wenigstens als persönliche Beleidigung auf. Und doch sagt der eine schwarz und der andere weiß. Die Münsterschen Freunde ermahnen mich, um Gottes willen auf dem Wege zu bleiben, den ich einmal mit Glück betreten, und wo meine Leichtigkeit in Vers und Reim mir einen Vorteil gewähren, den ich um keinen Preis ausgeben dürfe.

Malchen Hassenpflug und die Bökendorfer dagegen wollen, ich soll eine Art Buch wie Bracebridgehall schreiben und Westfalen mit seinen Klöstern, Stiftern und alten Sitten, wie ich sie noch gekannt, und sie jetzt fast ganz verschwunden wären, zum Stoffe nehmen. Das lässt sich auch hören, aber ich fürchte, meine lieben Landsleute steinigen mich, wenn ich sie nicht zu lauter Engeln mache. Ich denke an Brauns Nekrolog auf Klemens Droste, der eine reine Lobhudelei war und doch Joseph Droste aufbrachte, weil darin stand, vorzüglich die Mutter (Tante Dine) habe sich mit unablässiger Sorgfalt seiner Erziehung gewidmet, woraus Joseph zu verstehen glaubte, der Vater sei ein dummer Esel. Wo man so urteilt, was ist da für Vernunft und Billigkeit zu erwarten? Tunlicher scheint es mir, eine Reihe Erzählungen zu schreiben, die alle in Westfalen spielen, und so alles Verlangte in sich schließen, ohne dass man gerade zu sagen braucht: Dies soll ein Bild von Westfalen sein, und der Westfale ist so und so. Dann, meine ich, wird keiner (wie hier die Leute wohl etwas schweren Begriffs sind) es auf sich beziehen, sondern nur auf die Personen der Erzählung; auch kann ich dann von dem gewöhnlichen Gange der Dinge abgehen, kann Vorgeschichten und dergleichen mit einem Tone der Wahrheit erzählen, während ich sie in der anderen Form nur als Volksglauben erwähnen darf. Doch ist die Form von Bracebridge (eigentlich dieselbe, die Jouy in seinen vielen Hermiten, de Londres, de Guyane, de la chauss E.D.´Antin, de Paris etc. braucht) bei weitem die angenehmste, sowohl zum Lesen als zum Schreiben, weil sie so mannigfaltig ist und auch eigne Beobachtungen und Meditationen, kleine lächerliche Vorfälle et cet. zulässt, was sehr amüsiert, wenn man öfter lesen kann und auch mehr eignen Geist voraussetzt, als Erzählungen, die, sie mögen so gut und charakteristisch sein als sie wollen, doch selten jemand zweimal liest, weil der Abstich vom ersten Male zu groß ist, wenn die Spannung auf den Ausgang fehlt. Dagegen finden die Leute zwischen so kurzer Ware immer allerlei, was sie selbst schon gedacht und beobachtet haben und deshalb zwanzigmal lesen können, weil es ihnen den angenehmen Eindruck macht, als hätten sie es selbst geschrieben.

So hat jede Ansicht ihre günstige Seite und jeder meiner unberufenen Präzeptoren recht. Aber mag ich nun tun was ich will, so stelle ich einige zufrieden und stoße die übrigen vor den Kopf. Am besten wär' es vielleicht, ich tät etwas ganz anderes, versuchte mich zum Beispiel in einem Drama. Dagegen hat noch niemand geredet, denn keiner hat daran gedacht, und ich meine zuweilen, dazu hätte ich die meiste Lust und würde mir auch am besten gelingen. Es müsste aber kein geschichtliches noch romantisches Thema sein, sondern ein Charakter- und Sittengemälde, etwas

Geschichtliches könnte freilich zum Grunde liegen. Ich weiß nicht, was ich tue und will vor allem niemand mehr um Rat fragen, denn je mehr Köpfe, je mehr Meinungen und je mehr pikierte Leute in Zukunft. ...

[Am Rand:] Ich bitte, liebe Jenny, wenn Du Laß[berg] diesen Brief mitteilen solltest, bitte ihn ja, dass er nie in irgendeinem Briefe nach Hülshoff, Bökendorf oder an Mama auf irgendetwas anspielt, was ich geschrieben. Ich lasse mich so ganz gehen, vielleicht zu sehr, aber es ist nur für Dich oder, wenn Du es gut findest, für Laß[berg] mit, aber für Euch beiden allein."

Annette (Zeichnung von Jenny)   Jenny

Mit Jenny verstand sich Annette zeitlebens am besten. Schließlich war sie es, die der stets kränkelnden jüngeren und unverheirateten Schwester schließlich ein behagliches Domizil im Schloss Meersburg einrichtete. Nun Reisen insgesamt hatte Annette ins Heimatland ihrer Mutter angetreten. Nach dem Tod des Vaters der Geschwister am 25. Juli 1826 übernahm Jenny zunächst Verwaltungsaufgaben bei ihrem Bruder und Erben Werner-Constantin von Droste-Hülshoff im Wasserschloss Hülshoff und entfaltete dabei ein geschicktes Organisationstalent.

„Ich glaube, hier liegt deine wahre Begabung", meinte Annette. Wie froh war sie, als Jenny mit der Mutter und ihr den Witwensitz Rüschhaus bei Gievenbeck bezog. Ihr Bruder zahlte ihr eine Apanage, von der das Kostgeld für Mutter Therese sowie die Ausgaben für Reisen abgingen. Manchmal wurde der Geldbeutel arg strapaziert, denn Annette unterstützte immer wieder die Bedürftigen, die ihr begegneten. Doch das gemeinsame Glück währte nicht lange. Mit 39 Jahren hatte Jenny 1834 den damals schon 64-jährigen Germanisten Joseph von Laßberg im schweizerischen Schloss Eppishausen im Kanton Thurgau geheiratet, was der Mutter zunächst missfiel, denn der große Altersunterschied verhieß keine lange gemeinsame Zukunft. Onkel Werner von Haxthausen hatte den Kontakt eingefädelt. Doch das Gegenteil war der Fall. Der gebildete Forstmann, Germanist und Schriftsteller Laßberg war ein treusorgender Mann. Jenny brachte zwei Jahre später nach einer schwierigen Schwangerschaft Zwillinge mit den Namen Hildegard und Hildegunde zur Welt. Trotz der weiten Entfernung vom heimatlichen Münsterland blieb die Verbindung mit ihrer Familie bestehen.

Auch die Amme Katharina Plettendorf sorgte sich aus der Ferne um Jenny und ihre Familie und klagte: „Wenn ick doch ehnmol de Kinnerkes weigen könn." Sie lässt Jenny durch Annette sagen, „se dächte alle Dage an ehr, unse dankte ehr no so 1000mol vör dat Klöksken, et gönt eiskike ror, un hädde van Winter men eemol drei Weeke still stohn, over Högemann hedde et ehr scharmant wier te rechte makt."

Wenn Katharina Wintertags hustete, so bemerkte sie mit Blick auf die Familie Jennys: „Ik wull doch, dat de gnä Frau und Frau von Latzberg kinen Hosten hedden..."

Jenny führte stets Tagebuch. Es ließ auch die gemeinsame Zeit im Rüschhaus wieder aufleben. Danach waren die Hülshoffer in den Kindertagen ihrer Sprösslinge in den

Sommermonaten oft unterwegs. Die kleinen Ausflüge in die Umgebung führten zu Pächter-Familien und zum Damenstift Hohenholte. Das Kloster Hohenholte bestand im gleichnamigen Ortsteil der Gemeinde Havixbeck. 1142 zunächst als Niederlassung von Benediktinern gegründet und 1188 von Augustinerinnen besiedelt, wurde es 1557 in ein freiweltliches Damenstift umgewandelt und 1811/12 aufgehoben. Als die Kinder größer wurden, mutete man ihnen auch mehrtägige Ausflüge zu. So fuhr die Familie zu den Damenstiften in Freckenhorst und Metelen. Die offizielle Bezeichnung des Stiftes Freckenhorst lautete 1776 „Das hochadelige, kaiserliche, freiweltliche Stift St. Bonifatius zu Freckenhorst". Hier waren Jennys und Annettes Mutter sowie Dorothea von Wolf-Metternich, „Tante Dorly", Stiftsdamen gewesen.

Im Jahre 889 entstand das Kloster, und spätere Stift Metelen in der Gemeinde Metelen. Zunächst ein reichsunmittelbares Nonnenkloster, wurde es ab dem 13. Jahrhundert zum Kanonissenstift umgewandelt. Die Bewohnerinnen lebten teilweise nach der Augustinerinnenregel. Am Ende des 15. Jahrhunderts wurde es ein freiweltliches Damenstift. Im Jahr 1803 beziehungsweise 1810 folgte die Säkularisation.

Aus der „Hecken-Schriftstellergesellschaft'" bezog Annette von Droste Hülshoff manche Anregung für ihre Werke. Jemand ließ ein Stichwort fallen, und schon wirkte es auf die Phantasie der Droste wie Zunder und verbreitete sich zu einem Flächenbrand gestaltender Worte. Da alle Mitglieder Manuskripte und Briefe zur Post gaben, kam das Gespräch natürlich auch auf die unterschiedlichen Postwege, die wegen der konsequenten Verlässlichkeit gelobt oder wegen ihrer ständigen Schluderei verurteilt wurden. Annette wusste, dass die eigene Familie nichts von „öffentlichen Verkehrsmitteln" hielt. Das marode fürstbischöfliche Postwesen war inzwischen von den neuen Landesherren, den Preußen, reformiert worden.

Nicht nur ein Netz der Chausseen dehnte sich spinnengewebeartig über das Land aus, die Postsachen kam auch rascher vorwärts, weil die Pferde an den Stationen häufiger gewechselt wurden.

Bis sich jemand an den Namen „Stechinelli" erinnerte.

„Wer soll das sein?"

„Ein Zahnstocher?"

„So nannte man ihn wohl wegen seiner dünnen Beine."

„Er hieß eigentlich Francesco Maria Capellini und stammte aus Rimini.

„Auf merkwürdigen Wegen kam er nach Celle. Dort starb er mit 54 Jahren."

„Halt, halt, nicht so eilig! In Rom lernte Stechinelli den Herzog von Calenberg-Hannover kennen, der nahm ihn 1656 mit nach Hannover und machte ihn zum Kammerdiener."

Was immer auch über den Italiener zu sagen war, er bewies Geschick bei der Entwicklung des Postwesens. Neben der Kaiserlichen Reichspost, die von dem lombardischen Adelsgeschlecht der Thurn und Taxis betrieben wurde, versuchten mehrere Landesfürsten ein eigenes Postsystem einzurichten. Stechinelli war der richtige Mann für diese Aufgabe. Er war bald General-Erbpostmeister, organisierte den Postverkehr und errichtete Poststationen.

„Ein Lichtblick in dunkler Zeit."

„In der Tat. Eine kleine Revolution."

Annette liebte das Landleben seit ihrer Kindheit. Schon mit zehn Jahren schrieb sie ein Gedicht, in dem sie die Natur mit ihrer ländlichen Stille, der Blumenpracht und dem Bienengesumm dem städtischen Lärm vorzog. Es war das Jahr 1807, vielleicht saß sie im Teehaus des Hülshoffer Waldes und reimte Vers an Vers oder versuchte sich an ersten Kompositionen. Später erhielt sie Musikunterricht bei ihrem Onkel, Domorganist Maximilian Friedrich zu Droste. In diesem Jahr 1807 schrieb Beethoven seine berühmte 6. Symphonie in F-Dur, die den Beinamen „Pastorale" erhielt, und nach 24jähriger Abwesenheit kehrte Hermann Winckelhahn, der den Juden Soistmann Berend, genannt Pinnes, erschlug, in die ostwestfälische Heimat zurück. Diese Lebensgeschichte bildete den Grundstock zu ihrem Werk „Die Judenbuche".

Die Freuden des ländlichen Lebens

Ich kenne die Freuden des ländlichen Lebens,

ich kenne die Freuden der lärmenden Stadt.

Ich sehnte mich oft nach Gesundheit, vergebens

ich wünschte mir Tugend, die Stadt macht nur glatt.

Doch ach, ich verdanke mein jetziges Leben

dem Freund, der die Augen geöffnet mir hat.

Er sprach: „Du solltest Gehör mir jetzt geben.

Verlasse das eitle Leben der Stadt.

Wo wehen denn wohl die erfrischenden Lüfte?

Wo blüht wohl die Blume auf grünender Flur?

Wo sind die erquickenden, heiteren Düfte?

Wo? Nur bei dem ländlichen Reiz der Natur!

Da wurde ich glücklich, da lernte ich Tugend

da fand ich das frohe, gesellige Glück

nie sehne ich mich zur verflossenen Jugend,

nie sehn' ich mich je zu den Städtern zurück.

Dass eine Kinderseele nie über Ereignisse eines zukünftigen Lebens zu urteilen vermag, war auch Annette von Droste-Hülshoff bald klar geworden. Doch die Stimmung des Augenblicks hatte in dem das ländliche Leben lobende Gedicht Fuß gefasst. Von Schicksalsschlägen blieben die Freuden des Landlebens nicht verschont. Obgleich Familien- und Freundschaftsbesuche am Rhein den Himmel aufhellten, und neue Bekanntschaften zu nachwirkenden Begegnungen führten, riss der Tod des Bruders Ferdinand am 15. Juni 1829 gerade Annette in ein dunkles Seelentief. Die Depression zwang sie, die Arbeit am „Das Hospiz auf dem großen St. Bernhard" oder den Entwurf der „Judenbuche" ruhen zu lassen.

Mehrmals hörte sie die Erwachsenen von Goethe reden, von diesem freigeistigen Menschen, dessen literarischen Werke von Weimar aus die gebildete Nation beherrschten. Sein Besuch bei der Fürstin Amalie von Gallitzin in Münster war des Öfteren beredet und auch verurteilt worden. Ein solcher Mensch konnte in der „familia sacra", in diesem frommen, katholischen Kreis eigentlich keine Aufnahme finden. Dass es dabei überhaupt nicht fromm zugegangen war, durchaus weltliche Dinge die Themen bestimmt hatten, ließ man erst langsam gelten. Die Fürstin Pauline zur Lippe, so hatte man zustimmend vernommen, bestätigte nur Goethes Farbenlehre, alles weitere mochte sie nicht gelten lassen.

Einmal, im Jahre 1838, hatte Annette von Bökendorf aus einem Brief an ihre Mutter geschrieben und von einem seltsamen Vorfall berichtet: „Johannes Stapel war auch hier ... übrigens verbauert er immer mehr, und nahm sich, aufrichtig gesagt, mitunter etwas kläglich aus. Einmal war in Abbenburg ein Disput über Goethe, zwischen Onkel Fritz, unserm Werner, Galen und Hassenpflug, Johannes hatte immer schweigend zugehört, auf einmal sagt er ganz laut: ‚Mit Erlaubnis! Ist der Goethe nicht ein Schweinickel?' Alle sperrten Nase und Mund auf, und ich sagte, ‚er hat freilich Manches geschrieben, was für ganz junge Leute nicht passt.' Er stand auf, sagte: ‚Nun weiß ich genug, wenn er ein Schweinickel ist!', und ging triumphierend den Laubgang hinauf. Keiner machte Bemerkung hierüber, aber es wurde Allen schwer, das Lachen zu lassen."

Natürlich beschäftigte der Literat Goethe auch die schreibende Zunft, zu der sich die Droste zählte. Dass er seinen Brotherrn und Freund Herzog Carl August von Weimar im Feldzug gegen Frankreich als Kriegsberichterstatter begleitet und mit seinem Diener Paul Götze am 6. Dezember 1792 bei Dorsten erstmals westfälischen Boden betreten hatte, konnte nicht verschwiegen werden. Amüsiert las Annette in den Annalen, dass sich der Autor des im September 1774 erschienenen Buches „Die Leiden des jungen Werther" im Gasthaus „Wildemann" am Marktplatz für 88 Groschen zwei oder drei Schoppen Wein genehmigt sowie nach der Fahrt über Haltern am See mit Götze in Dülmen bei der Posthalterin Berning übernachtet und den westfälischen Schinken verkostet hatte.

Was der Dichterfürst in Westfalen erlebt hatte, ließ ihn dreißig Jahre später noch nicht ruhen. In seiner Prosaschrift „Campagne in Frankreich" vermerkte er, dass stürmisches und regnerisches Wetter die Weiterfahrt nach Münster zur Fürstin Gallitzin stark behindert habe, sodass er erst spät die Stadt erreichte. Nun war er Kavalier genug, um nicht mit der Tür ins Haus zu fallen, sondern zog eine Übernachtung im renommierten Gasthof „Zur Stadt London" auf der Rothenburg 2 vor. Pech nur, dass alle Zimmer und Betten mit französischen Emigranten belegt waren und man ihm einen Stuhl in der Wirtsstube anbot, für den er noch drei Reichstaler berappen musste. Goethe verlor später über Münster nicht allzu viele Worte. Nicht einmal den Prinzipalmarkt erwähnte er. Dafür unternahm er mit dem Freiherrn von Fürstenberg eine Kutschfahrt über die Promenade zum fürstbischöflichen Residenzschloss und zum Schlossgarten und stellte fest, dass dieser Mann, der doch fast Fürstbischof geworden wäre, recht bescheiden lebte. Danach also war es an der Zeit, seine neue Gastgeberin, die Fürstin von Gallitzin, in ihrem Haus in der Grünen Gasse und den „Kreis von Münster" aufzusuchen, der sich mit literarischen, philosophischen und religiösen Fragen beschäftigte; Goethe fühlte sich wohl.

„Die Fürstin ging mir entgegen, ich fand in ihrem Hause zu meiner Aufnahme alles vorbereitet", entsann er sich. „Das Verhältnis von meiner Seite war rein, ich kannte die Glieder des Zirkels früher genügsam, ich wusste, dass ich in einen frommen, sittlichen Kreis hereintrat, und betrug mich danach. Von jener Seite benahm man sich gesellig, klug und nicht beschränkend."

Zu der erlauchten Gesellschaft aus Männern des Adels, des Klerus und gehobenen Bürgertums, die sich etwa ab 1770 unter dem Namen „familia sacra" zusammenfanden, gehörten der Freiherr Franz Friedrich Wilhelm von Fürstenberg, Anton Matthias Sprickmann, die Professoren Theodor Katerkamp und

Johann Hyazinth Kistemaker, die Brüder Droste zu Vischering, Bernhard Overberg, der Reichsgraf Friedrich Leopold zu Stolberg und Friedrich Gottlieb Klopstock. Der Niederländer Frans Hyazinth Hemsterhuis und Johann Georg Haman aus Königsberg waren schon tot. Haman hatte im Garten der Fürstin seine letzte Ruhestätte gefunden.

Goethe entzückte die Gemmensammlung, die die Fürstin von Hemsterhuis geschenkt bekommen hatte. Die „Blüte des Heidentums" in einem katholischen Hause vorzufinden, beruhigte ihn ungemein, und erst recht begeistert war er, als ihm Amalie die siebzig Gemmen und Kameen als Leihgabe mitgab, von denen er Abgüsse machen ließ und nach vier Jahren zurücksandte. Drei Tage blieb der Dichterfürst in Münster, dann zog es ihn heim, weil er seiner Frau Christiane seine Ankunft bereits mitgeteilt hatte. Doch in einem Brief an seinen Freund Friedrich Heinrich Jakobi gestand er, dass er gern etwas länger geblieben wäre, weil ihm die behagliche Atmosphäre im Haus auf der grünen Gasse gefiel.

Die Fürstin verabschiedete ihren hohen Gast an der nächsten Poststation in Telgte. Die folgende Nacht verbrachten Goethe und sein Diener am 9. Dezember in einem Gasthof in Warendorf, der der Posthalterei an der Oststraße 12 angeschlossen war. Die Reise durch die Herrschaft Bentheim-Rheda führte durch Ackerland, Weiden und Wälder, deren Ränder wie belebte Punkte kleine Kötterhäuser markierten. Die Prämonstratenserklöster Clarholz und Herzebrock mögen Goethes Neugier beflügelt haben. Hier ließ er vom Posthalter Ottopohl nur die Pferde wechseln, und ohne Stärkung ging es weiter bis Neuenkirchen, wo Herr und Diener die Nacht beim Postmeister Franz Arnold Rose verbrachten. Götze notierte präzise, wo was und wieviel zu zahlen war: „Schreib er nur auf, was er meint." Die Preise waren wie der Komfort recht unterschiedlich.

In Paderborn, der Hauptstadt des gleichnamigen Fürstbistums, regnete es. Goethe verzichtete an diesem 12. Dezember 1792 darauf, sie näher in Augenschein zu nehmen. Er speiste im „Römischen Hof", der zur Posthalterei des Postmeisters Daltrup gehörte, und dann nahm der Reisewagen Fahrt auf bis Lichtenau. Hier wurden die Pferde getauscht und weiter ging es auf schlecht gebauten Wegen, durch Heidegebüsch, Sträuchern, Sand und Binsen, bis der Postillion erklärte, an eine Weiterfahrt sei nicht zu denken. Vor ihnen stand eine einsame Waldwohnung, „deren Lage, Bauart und Bewohner schon beim hellsten Sonnenschein hätten Schauder erregen können", wie der Dichter im Nachhinein notierte. Hier erlebten Goethe und Götze eine „schaurige Nacht" in ständiger Sorge, der überschwere Wagen könne ausgeraubt werden, weil die Kutscher Geld und Wertsachen als Gepäck vermuteten. Noch einmal mussten die Weimarer auf westfälischem Boden übernachten, nämlich beim Posthalter Johannes Menne in Ossendorf, bis sie endlich das hell erleuchtete Kassel vor sich sahen...

Goethes Werke brauchten einen kräftigen Anlauf, um in Westfalen Fuß fassen zu können. Die gebildeten Volksschichten, zu denen vornehmlich der Adel gehörte, blieben lange auf Distanz. Minister Fürstenberg, der eine Zensurregelung für Leihbibliotheken im Fürstbistum Münster herausgab, bekundete Goethes Werk gegenüber moralische und politische Vorbehalte, die später als zu streng zurückge-nommen wurden. In der Hülshoffer Bibliothek befanden sich um 1800 das Schauspiel „Götz von Berlichingen" und ein Band Gedichte. Der münstersche Verleger Philipp Heinrich Perrenon erkannte die literarische Bedeutung des Dichters und setzte sich für Goethes Werke ein. Ebenso tat es Annette von Droste Hülshoff, auch wenn die Mutter dieses Engagement missbilligte. Und noch einen begeisterten Anhänger fand Goethe in Münster: Pfarrer Hermann Kappen ließ den im Mittelalter errichteten und nun einsturzgefährdeten Turm der Lambertikirche im Stil der Hochgotik und nach dem Vorbild des Freiburger Münsters neu bauen. Das im Turm eingelassene Doppelportal aus der Zeit des ausgehenden 19. Jahrhunderts zeigt neben anderen Personen den Evangelisten Lukas mit Goethes Gesichtszügen in nachdenklicher Haltung. Von Hermann Kappen ist ein 1883 erschienenes Neujahrsgebet im Umlauf, das die Menschen auch heute noch zum Nachdenken anregt: - „Ein Bild aus der katholischen Kirche" eine Biografie über diese heiligmäßige Frau, die schon im Folgejahr ihrer Herausgabe 1870 die zweite Auflage erlebte und auch ins Englische übersetzt wurde.

Doch das war ein Vorgriff auf die Ereignisse. Straube versuchte vergeblich, Annette zu vergessen, und auch die Droste konnte den geschätzten Freund nicht aus dem Kopf kriegen. Wenn er gewusst hätte, was Annette an Anna von Haxthausen von Wehrden aus einst noch über ihn geschrieben hatte, wäre sein Herz gewiss ruhiger und versöhnlicher geworden.

„Liebe Anna, ich möchte so gern einige Tücher für ihn sticken. Wolltest du sie ihm wohl wie von Dir zu Weihnachten geben? Oder soll ich sie ihm lieber p. Kuvert schicken? Aber dann stehen die Postzeichen auf der Adresse. Bitte, bitte, liebe Anna, schreib mir Deine Meinung. Ich fange indes gleich an zu sticken, sonst wird es zu spät. Richte es ein, wie Du meinst, liebe Anna, aber so, dass es geht, denn es ist mein süßer liebster Trost. Ach, könnte ich Straube nur noch einmal sehen, oder auch nur eine freundliche vergebende Zeile von seiner Hand... Es ist mir nur um Straube, gegen den habe ich allein Unrecht, und für den habe ich allein wahre tiefe Neigung, es mag Freundschaft oder Liebe sein, ich weiß nicht, was es ist..."

In freien Stunden zog Straube sein Manuskript über den Algeriersklaven aus der Schublade, dem er eine Neuauflage zugedacht hatte. Er hielt seine Version für spannender als die in der „Wünschelruthe" abgedruckte Fassung, doch fand er unter den Kasseler Verlegern keinen Interessenten, der sich des armen versklavten Mannes hätte annehmen wollen. Indes war Straubes Interesse an einer Veröffentlichung bald auch ziemlich gesunken, denn sie hätte als Spätfolge der Bökendorfer Ereignisse bestimmt alte Wunden wieder aufgerissen.

„Du hast dir so viel Mühe gemacht, und nun bleichen die Seiten in der Schublade wie meine Wäsche in der Sonne", meinte Johanna, seine Frau. Straube liebte seine Frau, aber liebte auch andere. Dass er ein grundhässlicher Kerl sei, war eine Äußerung, die er nicht auf sich sitzen lassen konnte. Und so suchte er eine Bestätigung seiner Attraktivität unter den Kasseler Schönen. Vielleicht aber erstrebte er auch einen Ausgleich für die Schmach, die er seit dem Ende der Freundschaft zu Annette von Droste-Hülshoff empfand. Heinrich Heine war in solchen Stunden ein willkommener Besucher. Eines Tages erschien auch August von Haxthausen in Kassel bei Straube. Zunächst wollte das Gespräch nicht in Gang kommen. Heinrich und August umreisten sich wortlos wie zwei Löwen, die gleich übereinander herfallen. August tischte die gemeinsamen Jahre als Studenten der Bergwissenschaft in Clausthal-Zellerfeld auf, bevor sie an die Georg August-Universität in Göttingen gewechselt waren. War das eine Anspielung auf die finanzielle Unterstützung, die er dem armen Straube seither gewährt hatte? Steif saßen sie sich eine Zeitlang gegenüber. „Ich weiß, was ich Euch schulde. Ich werde, so gut ich kann, alles begleichen." Straubes Stimme hatte einen fernen, krächzenden Klang, als wollte sie den Worten nicht folgen. Plötzlich begann Haxthausens Gesicht zu glühen.

„Euch? Was sind das für Floskeln?" Die Faust des Freiherrn donnerte auf den Tisch. „Man kann ein ‚du' nicht so einfach wegblasen wie eine verirrte Daunenfeder. Mensch, Straube, es ist viel geschehen, ich weiß. Es ist seither viel Wasser die Leine runtergeflossen. Aber eine Freundschaft wie zwischen uns ist doch keine Schweinsblase, auf der man herumtritt."

Straube lächelte. „Ich dachte, es sei alles vorbei - nach dem Unfall, damals."

„Denk nicht so viel. Man hat dich reingelegt, das ist schändlich genug. Doch auch ich wurde vor vollendete Tatsachen gestellt, ohne zu wissen, was wirklich dahintersteckte. Nein, ein Götterbote bin ich nicht gewesen, als ich den Brief an Nette weitergeben musste. Wenn ich genau im Bilde gewesen wäre, hätte ich den ‚Unfall' vielleicht abwenden können. Aber was ging mich der Zwist zwischen jungen Verliebten an."

Straube lag eine Erwiderung auf den Lippen, die er sich jedoch verbiss. Denn er hatte inzwischen Kenntnis von einem Brief, den August von Haxthausen im Herbst 1815 an Wilhelm Grimm geschrieben hatte und dessen Ende nicht schmeichelhaft für ihn war. Darin hieß es nämlich: „Nebst diesen Sagen schicke ich euch den jungen Gelehrten Hr. Straube, welcher mich um ein Empfehlungsschreiben an Dich gebeten, er meint, er würde sonst nicht mit der gehörigen Hochachtung von Dir empfangen, ihm kein Stuhl gesetzt, bloß gesagt er möge sich setzen, er ist sehr fürnehm geworden selbiger Hr. Straube und zwar nicht bloß **vornehmlich**, sondern **vornehmend**. Lass Dir von meinen Volksliedern von ihm erzählen. Der Wind weht von Westen, gute Wege gut Wetter sollte Dich das nicht mal herbei treiben? Die beste Gelegenheit von der Welt... Hr. Straube hat ein Pferd, Du reitest, er geht zu Fuß neben an..." Er geht zu Fuß... Ja, wenn man auf die finanzielle Unterstützung durch einen Kommilitonen angewiesen ist, muss man sich solche Demütigungen wohl gefallen lassen.

Es hatte keinen Sinn, alte Kamellen wieder aufzuwärmen. Straube war froh, dass seine Frau den Raum betrat, ein Tablett mit Kaffee und Keksen in den Händen. Sie nötigte die Herren, nur munter zuzugreifen. Straube wusste, dass der Stern seines Freundes August allmählich im Sinken begriffen war. Vieles verdankte er seinem zwölf Jahre älteren Bruder Werner, so zum Beispiel den Kontakt mit den wichtigsten Vertretern der Romantik. Dem relativ freien Geist an den Hochschulen mit ihren burschenschaftlichen Ideen stand er weitgehend fremd gegenüber; er blieb bei seinen altdeutschen Ideen und seiner sogenannten altdeutschen Tracht. Ihm lag „die Hebung und Festigung des deutschen Volksbewusstseins" am Herzen. Die liberaleren preußischen Beamten in den unteren Dienststellen konnten dem konservativen Freiherrn keine Sympathie entgegenbringen. Ein Mann, der nicht einmal ein juristisches Staatsexamen besaß, über keine Verwaltungspraxis verfügte, dafür Märchen sammelte und einige Forschungsreisen absolvierte, erschien ihnen eher wie ein Reaktionär.

Das Lästermaul Heine schrieb anschließend: „Haxthausen ist ganz versauert, ein Landjunker... Straube ist dort kurfürstlich-hessischer Prokurator und verheiratet und ebenfalls versauert.'"

Seinem Freund Rudolf Christiani in Lüneburg berichtete Heine am 4. September 1824 von seinem Besuch in Kassel und dichtete:

„Sag, wo ist dein schönes Liebchen,

das Du einst so schön besungen,

als die schmerzlich süßen Flammen

wunderbar dein Herz durchdrungen?

Längst hat Liebchen mich verlassen,

und das Herz ist kalt und trübe

und dies Büchlein ist die Urne

mit der Asche meiner Liebe..."

Amalie Hassenpflug schrieb 1826: „Seitdem ich weiß, dass er (Straube) Nette so geliebt, tut er mir noch einmal so leid wie sonst, denn nun begreife ich erst, wie er die Frau hat nehmen können..."

Betriebsamkeit wechselte mit Friedhofsstille. Manche Besuche im Rüschhaus empfand Annette von Droste-Hülshoff wie Störenfriede, wie Eindringlinge, weil sie eine Phase schöpferischer Ideen unterbrachen oder gar in Stücke zerschlugen. Doch dann, besonders im Winter, zog ein großer Friede in der Behaglichkeit der Stube. Das Feuer knisterte im Ofen. Hielten die Flammen ein Zwiegespräch miteinander? Manchmal kam Hermann herein und legte nach. Oder die Mutter öffnete scheu die Tür um zu sehen, womit sich die oft kränkelnde Tochter beschäftigte. Dass es mehr das Schreiben als das Häkeln war, überraschte sie nicht. Klangen die Töne des Klaviers durchs Haus, freute sich Therese Luise. Töne sagten mehr aus als Worte, meinte sie. Hatte Annette ihr nicht gar verraten, dass sie eine Opernkomposition anstrebte, die sie „Die Wiedertäufer" nennen wollte? Ja, die nur vom Ticken der Standuhr unterbrochene Stille war schöpferisch. Hatte Gott auch diese Stille gebraucht, bevor er die Welt erschuf? Aber auch die Stille hatte ihre Merkmale. Knabberte da nicht eine Maus in der Wand hinter dem Kanapee? Das rhythmische Nagen ließ auf eine genussreiche Mahlzeit schließen. Manchmal traten Rehe bis unters Fenster. Im Sommer hielten sie Abstand, es gab genug zu fressen auf den Wiesen und an den Wallhecken. Doch im Winter überwanden sie die Scheu, der Hunger trieb sie in Gartennähe. Dort fütterten Knecht Hermann und die Amme Catharina Plettendorf die Tiere mit frischem Heu.

„In meinem Zimmerchen dämmert 's, dass ich kaum die Feder mehr sehen kann, und die Eichen draußen rauschen so feucht und schaurig, dass einem grauen sollte, und doch dünkt mich, ich wüsste mir nichts Lieberes als hier - hier - nur hier!

Wenn 's auch nie anders wär!"

Der Winter war ideal für längere Epen."

„Die Schlacht am Loener Bruch 1623" fesselte die Freiin. Und bald bearbeitete sie das „Lochamer Liederbuch". Es stammte aus der Bibliothek der Fürsten zu Stolberg - Werningerode und enthielt eine umfangreiche Sammlung deutschsprachiger Lieder am Übergang vom Spätmittelalter zur Renaissance. Wie hilfreich war die Korrespondenz mit Clara und Robert Schumann, die ihre Kompositionen lobten und sie zum „Weitermachen" bestärkten. Aus Bökendorf und Umgebung kamen gelegentlich Nachrichten von den Tanten, und Onkel. August von Haxthausen hatte sein erstes Buch veröffentlicht: „Über die Agrarverfassung in den Fürstentümern Paderborn und Corvey". Wie zu erwarten, ging der Autor von einem ständisch gegliederten Staat und vom Adel als Vormund des Bauernstandes aus. Jacob Grimm schüttelte missbilligend den Kopf. Das Werk erschien ihm zu konservativ und reaktionär. Der preußische Kronprinz war hingegen begeistert. Der spätere König Friedrich Wilhelm IV. ermunterte Haxthausen, alle preußischen Provinzen zu bereisen und agrar-historische Untersuchungen vorzunehmen.

Es ließ sich nicht vermeiden, dass die reiselustige Mutter gelegentlich zum Aufbruch zu Verwandtenbesuchen in Ostwestfalen drängte. Siebzehn Jahre hatte Annette von Droste-Hülshoff Böckendorf gemieden wie die Pest, und auch jetzt verspürte sie keinen Drang, den Ort mit unseligen Erinnerungen aufzusuchen. „Gebe Gott, dass wir jetzt nur nicht durchs Niederbayerische müssen, zu einer Rundtour bei allen Verwandten! - das ist ein fatales Hängen zwischen Himmel und Erde, - überall in den allerengsten Beschlag genommen, und doch nirgends heimisch und bequem, - ein Reisesack die stehende Equipagewagen, und keine Minute für sich zum Arbeiten oder

Ruhen..." schrieb die Droste später einmal. Immerhin stand die Herausgabe ihrer Gedichte im Aschendorf-Verlag Münster bevor und diese Verheißung war Trost und Befriedigung.

Vieles von dem, was Annette sich literarisch und musikalisch vorgenommen hatte, blieb Wunschvorstellung. Seit Beginn der 20er Jahre war die Musik mehr und mehr in ihren Interessenkreis gerückt und sie versuchte sich an einigen Kompositionen. Sie begann mit der Arbeit für die Opern „Babylon" und „Der blaue Cherub", ohne im Grund zu wissen, wie sie aus dem Stadium der Phantasie in einen realen Bezug übergehen sollten. Ihr musikalisches Talent verdankte die Droste ihrem Onkel und Haydn - Freund Maximilian Friedrich von Droste-Hülshoff, über den sie einmal geschrieben hatte: „Ich muss dir noch vom Triumph meines Onkels Max erzählen; er hatte zur Huldigungsfeier ein Tedeum gesetzt; es wurde mit großem Beifall aufgeführt und darauf mit dem Bericht der ganzen Feier nach Berlin geschickt, dort soll es aufgeführt worden sein und außerordentlich gefallen haben, wenigstens hat Onkel Max vor ungefähr acht Tagen eine ganz außerordentlich große und schwere Medaille erhalten...Du kannst Dir denken, dass der Onkel Max jetzt in Lüften schwebt... Es sollte mich freuen, wenn er für seine lange unverdrossene Mühe endlich auch den verdienten Lohn erhalten sollte"

Onkel Maximilian hatte einmal für einen Skandal gesorgt, über den man in der Stadt noch lange schmunzelte. Er wollte ohne kirchliche und elterliche Genehmigung „die schönste Frau Münsters", Bernadine Engelen, älteste Tochter des fürstbischöflichen Pfennigkammersekretärs, heiraten und stürmte am 20. September 1788 frühmorgens um halb Fünf in das Schlafzimmer des Pfarrers von St. Lamberti, um die Ehe zu erzwingen. Doch der Pfarrer weigerte sich wegen der fehlenden Dispens des Bischofs. In diesem Augenblick betrat der Kooperator, wahrscheinlich durch den Lärm aufgeschreckt, den Raum, und war dadurch als zweiter unfreiwilliger Trauzeuge zugegen. Das Eheversprechen das sich die Brautleute dort gaben, war nach dem Kirchenrecht gültig Nach der Eheschließung floh das junge Paar nach Melle ins Hochstift Osnabrück, ins „Ausland", wo ihre ersten zwei Kinder geboren wurden...

Eine schwere Krankheit unterbrach 1829 erstmals das geliebte Betätigungsfeld Annettes. Der deutsche Arzt Samuel Hahnemann aus Meißen zog damals mit seiner ungewöhnlichen Einstellung zum Körper und Geist des Menschen das Interesse der Öffentlichkeit auf sich. Gemäß seinem Wahlspruch „Aude sapere" - frei übersetzt: Wage, selbstständig zu denken - verriet nicht nur seinen kritischen Geist, sondern gab ihm die Möglichkeit, weit über die Horizonte des damaligen medizinischen Weltbildes hinaus eigene Beobachtungen zu machen und daraus Schlüsse zu ziehen. Sein Verständnis des Menschen und seiner Krankheiten war in umfassendem Sinne „ganzheitlich"; so nahm er bereits Aspekte der Sozialmedizin und Psychosomatik gedanklich voraus.

Auch ein zweiter Name war Annette von Droste-Hülshoff geläufig, ja sie war sogar weitläufig mit ihm verwandt. Clemens Maria Franz von Bönninghausen wuchs in Münster auf. Er war 19 Jahre Direktor des Botanischen Gartens in Münster, und lehrte Botanik in der Akademischen Lehranstalt. Bönninghausen behandelte sogar die französische Kaiserin Eugénie und wurde Ritter der französischen Ehrenlegion. Beruflich war er ein preußischer Verwaltungsbeamter und kein Arzt. Zur Homöopathie fand er, als er selbst an Tuberkulose erkrankte und glaubte, bald an der „Schwindsucht" sterben zu müssen. Ein Freund aus Ostwestfalen, der Arzt August Weihe, der sich schon etwas mit der Homöopathie auskannte, empfahl Bönninghausen eine Therapie mit dem Kraut Pulsatilla, der Küchenschelle. Es wirkte, und nach vier Wochen war er genesen. Von da an hat sich von Bönninghausen intensiv mit der Homöopathie beschäftigt und wurde der Lieblingsschüler von Samuel Hahnemann. Annette war seine erste Patientin, die Nummer eins in seinem

Patientenjournal. Nachdem ein Arzt erklärt hatte, er könne für die Droste nichts mehr tun, hat Bönninghausen sie ohne Approbation viele Jahre lang behandelt. Sie kränkelte zwar weiterhin, hat aber viel länger gelebt als ihre Ärzte prognostizierten.

Von Bönninghausen war ein leutseliger Mann, der viel wusste und sich auch mit ungewöhnlichen Bestattungsmethoden auskannte. Er hatte kürzlich gehört, dass ganze Friedhöfe wegen Vampiren und Nachzehrern aus- oder umgegraben und die Skelette verbrannt worden waren, allerdings nicht hierzulande, sondern im äußersten Osten der Habsburgischen Kronländer.

„Ich weiß nicht, Komtesse, ob Sie schon mal etwas von Eleonore Elisabeth Amalia Magdalena von Lobkowitz gehört haben, die 1701 ins mächtige Haus Schwarzenberg einheiratete. Ihre Ehe mit Adam Franz Karl verlief zunächst schwierig, weil ihr Vater die versprochene Mitgift nicht ganz aufbringen konnte und sie auch keinen männlichen Erben gebar."

„O die Unglückliche. Das ist kein guter Start in eine gemeinsame Zukunft."

„Das kann man wohl sagen. Da ihr die Ärzte bei versuchten Schwangerschaften nicht helfen konnten, ließ sie sich auf merkwürdige und okkulte Methoden ein. So siedelte sie Wölfe in einem Gehege an, in der Hoffnung, dass die angeblich fruchtbarkeitssteigende Wolfsmilch ihr helfen könnte, ein Aberglaube, der auf Romulus und Remus zurückging. Stellen Sie sich vor, jede Nacht das Wolfsgeheul am Schloss, da werden manchem die Beine vor Angst geschlottert haben."

„Meine nicht minder, Bönninghausen, hoffentlich kommt die Geschichte bald zum Ende."

„O ja. Eleonore bekam noch mit biblisch 41 Jahren ihren Stammhalter, aber damit nicht genug. Eleonores Mann kam bei einem Jagdunfall ums Leben, und die gesundheitlich angeschlagene Fürstin gab Unsummen für obskure Heilmethoden aus. Ja, sie versuchte sogar, ihren Mann von den Toten zurückzuholen. Nächtelange wanderte sie im Schloss umher, begleitet von dem erschreckenden Wolfsgeheul."

„Jetzt ist es aber genug, von Bönninghausen. Ich verliere gleich meine Contenance."
„Ach, Komtesse, Ihr Dichterkollege Gottfried August Bürger hat eine Ballade namens „Leonore" geschrieben und sich dabei wahrscheinlich auf Eleonore von Schwarzenberg berufen.

„Lenore fuhr ums Morgenrot
Empor aus schweren Träumen:
„Bist untreu, Wilhelm, oder tot?
Wie lange willst du säumen?" -
Er war mit König Friedrichs Macht
Gezogen in die Prager Schlacht,
Und hatte nicht geschrieben:
Ob er gesund geblieben..."

„Ich will Sie mit weiteren Strophen nicht langweilen. Es gibt noch zahlreiche Fortsetzungen. Wenn Sie es wünschen, schicke ich Ihnen das Gesamtwerk vor meinem nächsten Besuch herein."

Darauf verzichtete die Droste. Aber der Umstand reizte sie zu eigenen literarischen Versuchen.

Aquarell von Annette von Droste-Hülshoff (1820) Böckendorf

Das Jahr 1834 wartete noch mit einer aufregenden Nachricht in Adelskreisen auf, die auch im Bökerhof heftig diskutiert wurde. Die Familie von Roeder in Marienmünster packte die Koffer, um nach Amerika auszuwandern.

„Mein Gott, ist es um die Finanzen der Domäne so schlecht bestellt?", fragte sich Werner von Haxthausen, und auch August konnte sich keinen Reim darauf machen, weshalb die anerkannte Familie dem allgemeinen Trend, in Übersee zu mehr Land und Wohlstand zu kommen, nachgab. „Er fährt doch gern in seiner Equipage zwischen seinem Wohnturm Oldenburg und Nieheim herum", ergänzte einer der Angestellten. Mit „er" war das Familienoberhaupt Anton Ludwig Sigismund von Roeder, gemeint.

Erst allmählich sickerten die Gründe für den waghalsigen Schritt durch.

Sigismund, ein rauflustiger Sohn des ehemaligen Leutnants und seiner Frau Caroline Luise, hatte sich mit mir, einem der preußischen Prinzensöhne duelliert, was längst verboten war. König Friedrich Wilhelm III. wollte seinem Patenkind den Gang vors Gericht ersparen und riet zur Auswanderung. Aber noch ein zweiter Grund hatte den Monarchen zu diesem Schritt bewogen. Anton Ludwig Sigismund von Roeder war nach der Säkularisation der Klöster Verwalter des Abteivermögens von Marienmünster geworden, damit aber nicht erfolgreich gewesen, weil sein Verwalter eher in die eigene Tasche wirtschaftete. Jetzt sollte eine Vorhut, die aus den Brüdern Joachim und Ludwig sowie der Schwester Valeska von Roeder und dem Diener Pollhart bestand, die Möglichkeiten der Landzuweisung vor Ort klären, bevor der Rest der Familie nach Übersee aufbrach. Dazu gehörte der jüdische Rechtsanwalt Johann Justus Kleberg aus Beverungen, ein Kommilitone Albrechts von Roeder, der mir Rosalia von Roeder verlobt war, und sein Bruder Ludwig. Die Braut wollte ihren Bräutigam aber nur heiraten, wenn er sich dem Tross der Auswanderer anschloss. Kleberg sollte später in Texas, damals noch eine Provinz Mexikos, zu hohen Ehren kommen und bis zum Friedensrichter aufsteigen.

Dass es dem Adel nicht mehr so gut ging wie Jahrzehnte zuvor, war kein Geheimnis mehr. Aber da auch die Familie Haxthausen über große Ländereien und Waldgebiete verfügte, in denen es zwar regelmäßig zu illegalen Holzeinschlägen kam, war der Grundstock für einen wirtschaftlichen Handel und die Selbstversorgung gesichert.

Die Nachricht, dass die Heirat mit einer Adeligen dem Bürger Robert Justus Kleberg offensichtlich keine Schwierigkeiten bereitet hatte, mag für Annette von Droste-Hülshoff schmerzlich gewesen sein. Ihr Freund Heinrich Straube wäre nie in den Genuss einer ehelichen Verbindung mit ihr gekommen. Er war ein Kommilitone von August von Haxthausen, Kleberg einer von Albrecht von Roeder. Die Universität Göttingen war ihr gemeinsamer Studienort.

Übrigens: Der abenteuerliche, tolle Sohn Sigismund von Roeder, dessen Duell mit dem Prinzen von Preußen und bedingte Begnadigung vor dem Gefängnis die Familie von Roeder nach Mexiko brachte, heiratete in San Felipe überraschend eine Frau, nachdem er ihren Mann mit demselben Schwert getötet hatte, mit dem er gegen den Prinzen von Preußen angetreten war... Die Nachricht davon übermittelte als Zeuge Louis (Ludwig) Kleberg, Bruder von Robert Justus, Caroline Luise von Roeder, Sigismunds Mutter, schrieb darüber an ihre Schwester:

„Es scheint, dass ein Dutzend junger Leute im Haus von Benjamin Buckingham am Brazos-River zusammentrafen. Dieser junge Kentuckier hatte kürzlich seine schöne junge Braut auf seine Plantage gebracht. Sie waren alle am Feiern. Sie tanzten, tranken, sangen, lachten, bis schließlich, wie üblich in dieser neuen Welt und zum Glück für die andere Gesellschaft, die Männer Karten zu spielen begannen.

Zuerst war es ein geselliges Spiel. Die Einsätze waren gering. Aber bald rasteten die Verlierer aus - Sigismund war am meisten beglückt durch die Göttin Fortuna. Sie behandelte Buckingham geringschätzig. Das Spiel beschränkte sich schließlich auf die zwei; mein Sohn schlug eine Begrenzung des Einsatzes vor. Sein Gegner, ein Sprössling der „Wohlstands-Rasse", verlangte, jede Beschränkung zu unterlassen. Also spielten und tranken sie die ganze Nacht... Das Glück schwankte hin und her, aber sie spielten und tranken immer weiter. Die alkoholischen Getränke reizten vor den Augen der Zuschauer zu immer größerem Einsatz. Sigismund gewann immer öfter. Als Buckinghams Kasse leer war, zog er Kaufverträge für Maulesel, Arbeitspferde und ein Paar Ochsen aus der Tasche. Einer nach dem anderen kamen Buckinghams Sklaven herbei. Sie standen draußen in der Halle, arme schwarze Habenichtse, alte und junge, Männer, Frauen und Kinder. Sigismund raffte den Kaufvertrag für alle von der Mitte des langen Tisches und beschwerte ihn mit einem Ziegelstein aus dem Brazozfluss. Das Spiel ging weiter. Am Mittag aßen die Zuschauer saftiges Beef und Sandwiches, belegt mit Fleisch von wildem Truthahn, die von der Küche von außen hereingebracht wurden. Aber die Spieler aßen nichts, sie spielten. Als sein persönliches Vermögen - Wagen, Buggys, Sattel, Pflüge, Pflanzer, Rennpferde und alle anderen Tiere mit ihrem Futter und Pferdegeschirr - verspielt war, schickte Buckingham nach Wechsel für die verschiedenen Parzellen seiner Plantagen. Seine Freunde baten ihn aufzuhören.

„Ich will nicht aufhören", schrie er mit der Raserei eines Spielers. „Mein Glück kommt zurück. Ihr wartet und werdet sehen."

Natürlich konnte Sigismund nicht aufgeben. Er war der Gewinner. Er musste spielen.

„Ich werde aufhören, wann immer er es wünscht. Aber nicht eher."

Die Wechselpapiere kamen zurück. Buckingham legte die Urkunde über seine große Farm auf den Tisch und beschwerte sie mit einem Ziegelstein. Er schaute sich im Raum um. Jedes Auge folgte seinem Blick. Nicht ein Wort wurde gesprochen. „Mehr Licht!" Allmählich dämmerte es. Ein alter weißhaariger Negro schlurfte zum Tisch und stellte Kerzen neben die Spieler. Als er hinausging, öffnete er die große schwere Tür aus Walnussbaum. Jeder folgte seinen Schritten. Dort stand die Braut in ihrer ganzen Schönheit wie ein erblühter Wald im Februar. Sie legte ihre Hand auf den Arm ihres Mannes. „Komm, Liebster. Lass uns gehen", sagte sie. „Du bist müde."

„Müde sind wir alle", erwiderten einige junge Männer und kicherten.

„Du meinst, dass ich ein gebrochener Mann bin?", schnaubte Buckingham. „Aber ich bin es nicht!" Seine Faust krachte auf den Tisch, als er seine Heiratsurkunde entweihend auf den Platz zwischen die Kerzen warf. „Ich werde um sie spielen."

Sigismund legte seine gewonnenen Urkunden in die Mitte des Tisches. „Gewiss wollen wir."

Und dann zog er den Hut mit dem Schwung eines Kavaliers, und mit einer tiefen Verbeugung vor der Braut sagte er: „Aber nicht ohne das Einverständnis der Lady."

Sie lächelte - und sie spielten. Buckingham verlor, und als Sigismund den Ziegelstein hob und seine Gewinne mit der Heiratsurkunde zusammenraffte, feuerte Buckingham - aber er schoss daneben. Und als er nach einer anderen Pistole griff, zog Sigismund sein Schwert und durchbohrte ihn.

Der Leichenbeschauer kam, erkannte auf Notwehr. Als der Körper auf einer Tragbahre durch die Doppeltür hinausgetragen wurde, hörte man denselben Beamten in auffallend klingender Stimme fragen: „Wollen Sie, Barbara Buckingham, diesen Mann heiraten?"

Sigismund ist nun dabei, den vollständigen Buckingham-Besitz zu verkaufen. Er zieht mit seiner reizenden Frau nach Westtexas. Nun werden wir nicht mehr viel von ihm erfahren, aber wir alle fühlen, dass er auf die Füße gefallen ist und seinen eigenen Grund erworben hat.

Eile, eile und komm zu uns! Dies ist wahrlich ein Land des Friedens und der Romantik. Und das Schicksal führt uns alle an der Nase herum. Shakespeare drückt das großartig aus: „Es ist ein Schicksal, das unsere Ziele beklatscht." Auf Wiedersehen, auf Wiedersehen, meine geliebte Schwester, Deine Dich liebende Schwester
Caroline Luise Baronin von Roeder."

1830 hatte Annette von Droste-Hülshoff wieder mit der Arbeit an der „Judenbuche" begonnen. Der Stoff hatte lange geruht, ohne in Vergessenheit geraten zu sein, jetzt wurde er wiedererweckt und nahm die Dichterin ganz in seinen Bann. Allerdings wohl nur für geraume Zeit. Waren es die Krankheiten, die die Schreibphase an diesem Werk bis 1838 unterbrachen? Am 12. März 1840 schrieb Annette von Droste-Hülshoff an ihre Schwester Jenny von Laßberg: „Ich habe jetzt eine Erzählung fertig, von dem Burschen im Paderbörnischen, der den Juden erschlug." Es dauerte noch bis 1842, bis die Novelle endgültig veröffentlichungsreif war und im „Cotta`schen Morgenblatt für gebildete Leser" erscheinen konnte.

Am 8. Juli 1842 beschrieb Annettes Dichterkollege Adalbert Stifter die Sonnenfinsternis, die in der halben Welt zu sehen war, und widmete sich staunend dem ungeahnten Wunder: „Seltsam war es, dass dies unheimliche, klumpenhafte, tiefschwarze, vorrückende Ding, das langsam die Sonne wegfraß, unser Mond sein sollte, der schöne, sanfte Mond, der sonst die Nächte so florig silbern beglänzte; aber doch war er es, und im Sternenrohr erschienen auch seine Ränder mit Zacken und Wulsten besetzt, den furchtbaren Bergen, die sich auf dem uns so freundlich lächelnden Runde türmen..."

Die geliebten Großeltern waren inzwischen gestorben, und so zog es Annette nicht zum Bökerhof. Vielmehr quartierte sie sich seit 1837 bei ihrem unverheirateten Stiefonkel Fritz von Haxthausen auf dem Gut Abbenburg ein, der das Leben eines geliebten Sonderlings führte. Dieses Rittergut und frühere Burganlage nördlich von Bellersen ging in der Substanz auf das frühe 14. Jahrhundert zurück. Auch hier feilte Annette an ihrer „Judenbuche", denn jetzt weilte sie an den authentischen Orten der Handlung, die sie lebhaft inspirierten. Oft täuschte sie den guten Onkel Fritz, der ihr zu Spaziergängen durch Feld und Wald riet, um die Neigung zum leichten Übergewicht zu bekämpfen. Stattdessen saß sie im Park an einem Steintisch, schrieb Briefe und fabulierte am Stoff der Kriminalgeschichte. „eine so tiefe Ruhe!", bekennt sie in einem ihrer Briefe. „Denn die Ökonomiegebäude liegen weitab und mein Onkel Fritz führt nur eine kleine Junggesellenwirtschaft. Das Haus ist angenehm, angefüllt mit altertümlichen Gegenständen, wunderschön geschnitzten Schränken und Möbeln, alten Kunstuhren, Familienbildern und so still, dass man den ganzen Tag das Heimchen zirpen hört. Ungefähr zweihundert Schritte vom Hause (nach der stillen Seite) ein sehr hoher und breiter Laubengang, in der Mitte abgebrochen, wo eine herrliche alte Linde steht mit steinernen Bänken und Tischen drum her. Dies ist der Ort, wo ich meinen Onkel zuweilen betrüge, während er mich durch Feld und Wald rennen glaubt..."

Annette beschloss, den Kriminalfall dem „Sittengemälde aus dem gebirgigten Westfalen" überzuordnen. In den Abbenburger Archiven fand sie, was August von Haxthausen ihr früher vorenthalten wollte. Sie zeichnete ein Raster, in das sie die überlieferten Ereignisse einplante und füllte es mit Stichworten, die sie zu spannenden Sätzen erweiterte. Noch stand der Titel „Die Judenbuche" nicht fest. Den schuf erst Hermann Hauff, der Redakteur des bei Cotta in Stuttgart erscheinenden „Morgenblattes für gebildete Leser", als er die Geschichte 1842 in 16 Fortsetzungen veröffentlichte. Von der Auflage um 2500 Exemplare gehörten 1400 zum festen Abonnentenstamm. Der „Westfälische Anzeiger" druckte die Novelle ebenfalls. Die Droste nahm Abstand von den Originalnamen des handelnden Personals. Bei ihr heißt die Hauptperson Friedrich Mergel, den Vater beschreibt sie als „sogenannten ordentlichen Säufer", die Mutter Margarete verzweifelt an ihrer sozialen Lage. Die „Blaukittel" liefern sich mörderische Auseinandersetzungen mit den Gutsherren wegen der Baumrechte in den Wäldern. Der hier wegen einer nicht bezahlten Uhr erschlagene Jude wird Aaron genannt. Mergel flieht hier mit einem gewissen Johannes Niemand, beide lassen sich als österreichische Soldaten anwerben und geraten im Krieg in türkische Sklaverei, wo sie 26 Jahren zubringen. 28 Jahre später, an einem Weihnachtsabend, kommt der kranke, verkrüppelte Johannes Niemand zurück und berichtet dem Gutsherrn, er sei mit Friedrich Mergel nach dem Judenmord geflohen, bis ein glücklicher Zufall ihm zur Flucht verholfen habe. Niemand wohnt fortan im Dorf, bekommt sein Essen im Schloss. Dafür macht er Botengänge. Doch eines Tages kehrt er von einem solchen Auftrag nicht zurück. Zwei Wochen später findet ihn der Förster erhängt an der „Judenbuche". Dabei klärt sich die wahre Identität des Toten auf: Es ist Friedrich Mergel, an einer Narbe zweifelsfrei zu erkennen. Seine Leiche wird auf dem Schindanger verscharrt. Die hebräische Inschrift, die die Juden in den Baum geritzt haben, an dem sich Mergel selbst richtete, lautet: Wenn du dich diesem Orte nahest, so wird es dir ergehen, wie du mir getan hast.

Mit der Namensgebung „Die Judenbuche" hatte es noch eine andere Bewandtnis. Annette besuchte des Öfteren ihre Tante, die Stiftsdame Theresia Sophia von Haxthausen in Neuenheerse. Dort wohnte sie in der Kurie, schräg gegenüber vom Kapitelsfriedhof mit Blick auf das „Tütelsche Kreuz", ein barockes Grabkreuz für die Brüder Tütel aus Attendorn. Johannes war Kanonikus in Paderborn und Geistlicher im Hause Heerse, sein Bruder Leonhard wirkte als Pfarrer in Ossendorf. Annette schrieb: „So liefen wir bis Heerse; da war es noch dunkel, und wir versteckten uns hinter das große Kreuz am Kirchhofe, bis es etwas heller würde, weil wir uns vor den Steinbrüchen am Zellerfelde fürchteten, und wie wir eine Weile gesessen hatten, hörten wir mit einem Male über uns schnauben und stampfen und sahen lange Feuerstrahlen in der Luft gerade über dem Heerser Kirchturm. Wir sprangen auf und liefen, was wir konnten, in Gottes Namen geradeaus, und wie es dämmerte, waren wir wirklich auf dem rechten Wege nach P." (wahrscheinlich Paderborn)

Der Weg von der Abbenburg nach Ovenhausen ist nichts für Fußgänger. Wenn die Sonne den Himmel beherrscht, gibt es kaum Schatten. Wiesen und Felder wechseln wellenartig miteinander ab. Die Oldentruper Mühle, die den Haxthauens gehört, bietet Erfrischungen an, aber von dort dehnt sich die Wegstrecke bis ins

Unermessliche. Onkel Fritz ließ es sich nicht nehmen seine Nichte selbst dorthin zu fahren, wo Friedrich Mergel zu Hause gewesen war. In Abbenburg ließ es sich gut leben. Onkel Fritz in seiner unkomplizierten Art legte keinen Wert auf Konventionen und Etikette. Er lebte so unbefangen wie seine Bauern. Was er benötigte, schnitt er sich vom Schinken ab oder vom frischen Brotlaib, den die Mägde ihm entgegenhielten, damit er mit dem Messer ein Kreuz darauf zeichnete. Gesegnet sollte das Brot sein. Es wuchs als Wintersaat auf den Roggenfeldern, wurde unter dem Augustmond geschnitten und in den Scheunen gedroschen. So ein Erntedankfest hatte noch etwas vom Ursprünglichen. „Wir pflügen und wir streuen" hieß das bekannte Bauernlied von Matthias Claudius, das in den Kirchen Einzug gehalten hatte und Anfang Oktober gesungen wurde. Die Preußen hatten den Erntedank zum Festtag erklärt. Feldfrüchte, Getreide und Obst lagerten vor den Altären und stellten bildlich ein Dankgebet an den Schöpfer aller Gaben dar. Dank an den Schöpfer...

Als fromme Katholikin fiel der Droste der Dank für empfangene Wohltaten nicht schwer. Krankheiten, die sie oft heimsuchten, gehörten zum Leben, und wenn sie genesen war, versäumte sie nie, dem Vater im Himmel dafür Lob und Dank zu sagen. Dank galt auch für Freundschaften, für die Erfolge bei Veröffentlichungen, so mühevoll sie für Frauen auch waren. Der Abschluss des ‚Geistlichen Jahres' bedeutete das Ende eines zermürbenden Kleinkrieges mit sich selbst um neue Erkenntnisse im Glauben, um entdeckte Widersprüche, um die Umformung bestimmter Glaubensaussagen, die keinen Halt boten, sondern nur Angst verursachten. Annette war lobenswert fleißig gewesen. Viele Verse waren im Umlauf, gefolgt von spannenden Balladen. Gedichtsausgaben standen vor der Veröffentlichung. Das alles befriedigte und machte stolz und dankbar.

An Jugmann schrieb sie von Abbenburg: „Eine halbe Stunde von hier liegt Hellesen, ein sogenanntes Vorwerk von Apenburg, was ich oft zum Ziel meiner Spaziergänge mache, weil es gerade die rechte Entfernung hat, um eine Tour daran abzulaufen, - so ein Vorwerk ist ein trauriges und doch romantisches Ding. Mitten im endlosen Felde, nichts als lange Scheuern und Stallungen, und dran gebaut zwei kleine Kämmerchen, wo zwei Knechte jahraus, jahrein, Winter und Sommer verbringen, ohne monatelang etwas zu sehen außer dem Eseljungen und seinen Tieren, die ihnen, zweimal am Tag, das oft hart gefroren Essen bringen, was sie dann auf ihrem Öfchen aufwärmen; das Vorwerk verlassen dürfen sie niemals, nur eben sonntags, abwechselnd, zum Gottesdienst, denn sie haben große Ökonomie-Schätze zu bewachen.

Wie schläfrig und langweilig mögen sie über die Schneefläche ausschauen nach ihrem Eliasraben! Da hätte einer Zeit, heilig oder gelehrt zu werden! Jetzt ist's ganz hübsch dort, das Feld voll Leben, auf der einen Seite blökt das Vieh, auf der andern schwirren die Sensen, und eine halb gefüllte Scheune gibt mir ein Ruheplätzchen auf Heubündeln und Garben, grade wie ich's mag."

Bei Onkel Fritz lebte die Droste unkompliziert und gern. Ihren Standort beschrieb sie so:

„Ich habe ein nettes heiteres Quartier, unter den Fenstern eine hübsche Blumenterrasse mit Springbrunnen, und allerlei reizende Plätzchen in der nächsten Umgebung. Gleich vor mir einen Eichwald, mit großem Teich und Insel darin, wo eine gewaltige Linde ihre Zweige fast auf den Boden senkt, und es sich auf den Sitzen gar anmutig über dem Wasser träumen lässt, - dann noch eine andre, etwas entferntere Anlage, die sehr gut unterhalten, aber von niemandem besucht wird, - da wäre Alles unser Eigen, Baumhallen, Sitze, das hübsche Zelt, bloß für uns Zwei, um es nach Belieben mit den Bildern unsrer Liebsten zu bevölkern, oder zu einer Robinson-Einsamkeit zu machen,- ich werde leider täglich mehr zur Fledermaus, zwischen Licht und Dämmerung, das ist meine rechte Zeit, und übrigens... ich möchte immer, wie ein travestierter Hamlet, sagen: ‚Träumen, träumen! vielleicht auch Schlafen!' In dem Letzteren bin ich aber viel mäßiger geworden; wie meine Nerven denn überall sich bedeutend stärken, oder vielmehr, seit sie sich in die Ohren und Zähne verkrochen haben, das Übrige freier lassen."

An manchen Tagen sammelte Annette die Kinder der Nachbarschaft vor ihrem Fenster und erzählte ihnen Märchen, Märchen, die sie einst für die Brüder Grimm gesammelt hatte. Zum Schluss gab es zur Belohnung Bonbons, die sie ihnen zuwarf. Ob die Kinder nun wegen der Märchen oder der Bonbons so lange ausgehalten hatten, ließ sich nicht feststellen...

Vom Bodensee hörte die Droste, dass in Meersburg das „Fürstenhäusle" zum Verkauf stände. Wenn das Honorar aus dem Verkauf ihrer Gedichte und Balladen reichte - ob sie sich zur Versteigerung anmelden sollte? Sie würde an ihre Schwester Jenny schreiben. Das Haus, heute im Besitz des Hauses Baden, gehörte einst dem Konstanzer Domherrn und späteren Fürstbischof Jacob Fugger von Kirchberg und Weißenhorn. Aber noch war sie auf westfälischem Boden. An Jungmann schrieb Annette weiter von Abbenburg: „Auch ein Gehölz gibt 's hier, genannt der Vogelsang, ziemlich weit vom Hause, so hübsch in der Wildnis - was ehemals angelegt war, jetzt aber müssen Sie sich durch Dornen und Gestrüpp arbeiten, und stehn dann plötzlich in einem großen Rund von alten Eichen, mit einer Bank drunter, da sitzt man auch wie verzaubert; zum Überfluss steckt ein Eulennest im hohlen Baum, wo es unaufhörlich drinnen knackt und prustet - länger bis zur Dämmerung bleibe ich nie dort, denn dann wird das Eulenvolk zu lebendig, und das Durchbrechen ins Freie, wo man oft in Schlingpflanzen und Dornen gefangen ist, dass man sein Lebtage nicht wieder heraus zu kommen meint, hat im Dunkeln was wirklich Grauserliches; ich glaube, man könnte sich ungeheuer erschrecken, wenn nur ein Vogel aufflatterte."

Ja, es tat sich was am Bodensee. Im November 1843 versteigerte die „Meersburger Priesterhausverwaltung" das „Fürstenhäusle" an Annette von Droste-Hülshoff. Die Honoratioren verzichteten auf das Mitbieten, und so erhielt sie den Zuschlag für 400 Taler. Sie bemerkte: „Alle sagen, ich hätte lächerlich wohlfeil gekauft, die Reben allein kosteten hier in schlechterer Lage ebenso viel, und in guter wenigstens das Doppelte, und das Haus hätte ich ganz umsonst. Das Geld bekomme ich jedenfalls für die erste Ausgabe meiner Gedichte. Ich habe recht viel Freude an diesem Kauf."

Das Arbeitszimmer, ihr „Schwalbennest", öffnete den Blick auf den Bodensee. Aus einem Brief an Elise Rüdiger geborene Hohenhausen erfährt man: „Jetzt muss ich Ihnen auch sagen, dass ich seit acht Tagen eine grandiose Grundbesitzerin bin. Ich habe das blanke ‚Fürstenhäuschen', was neben dem Weg zum Frieden liegt, in einer Steigerung, nebst dem dazugehörigen Weinberge, erstanden, und wofür? Für 400 Reichstaler! Die Aussicht ist fast zu schön, d. h. mir zu belebt, was die Nah-, und zu schrankenlos, was die Fernsicht betrifft." Freundin Elise besaß in Annettes Leben einen hohen Stellenwert. Beide verband eine Art Seelenverwandtschaft. In dem Gedicht „An ***" schrieb die Droste:

So, wenn ich schaue in dein Antlitz mild,
Wo tausend frische Lebenskeime walten,
Da ist mir, als ob Natur mein Bild
Mir aus dem Zauberspiegel vorgehalten.

Doch was kann man schon genießen, wenn der Körper es nicht zulässt? Die stets kränkliche Komtesse konnte sich dieses Kaufs wenig erfreuen und übertrug ihrer Schwester Jenny die Herrichtung und Verwaltung. Das Glück des Herzens, die Zufriedenheit der Seele waren mit den Jahren auf der Strecke geblieben. Annette selbst gab sich immer wieder die Schuld an dieser Entwicklung. Die „Jugendkatastrophe" hatte Kreise gezogen. Die Freiin fand niemanden, der um sie geworben hätte, und wenn, dann hatten die dummen Vorurteile gegen Bürgerliche für den Adel eine höhere Bewertung als die erstrebte seelische Harmonie.

Levin Schücking, den sie bemuttert, gefördert und sicher auch geliebt hatte, brach ihr das Herz mit seinem hinterhältigen Roman „Die Ritterbürtigen". Doch immerhin war er Manns genug, der „Judenbuche" zu einer würdigen Buchveröffentlichung zu verhelfen. Die 600 Exemplare, die die erste Auflage betrug, rissen zwar keine begeisterten und überschwänglich reagierenden Leser vom Stuhl, doch als Paul Heyse 1876 die Kriminalgeschichte auf Anraten seine Freundes Theodor Storm in seine Sammlung „Deutscher Novellenschatz" aufnahm, gelang der „Judenbuche" der Durchbruch. Millionen Exemplare erschienen, in viele Sprachen übertragen in aller Welt.

Inzwischen musste Annette von Droste-Hülshoff einen herben Verlust beklagen Ihr geliebter Onkel Fritz erlag in Münster seinem schweren Magenleiden. Ihre Mutter Therese und sie hatten den guten Friedrich von Haxthausen zu sich holen lassen, um ihm die letzten Lebensmonate zu erleichtern, denn er litt an Magenkrebs. Sein Tod befreite die beiden Pflegerinnen von der Vorstellung, er würde bei lebendigem Leibe verhungern, denn er konnte am Ende keine Nahrung mehr aufnehmen. Ein Schlaganfall, so schlimm es auch war, setzte seinem Leben ein erlösendes Ende. Beide hatten sich liebevoll um den Onkel gekümmert und ihm viel Gutes zurückgeben können, was er vor allem Annette in den Jahren in Abbenburg erwiesen hatte.

Wie schmerzlich war dieses Unglück gegenüber einem anderen Vorfall: Werner von Haxthausen glaubte von einem tollen Hunde gebissen worden zu sein. Das Tier hatte sich ihm ohne zu bellen genähert und ihm ein Stück aus der Wade gerissen. Es war seitdem verschollen. Werner ließ sich die Wunde ausbrennen, ein schmerzlicher Prozess, zumal die Stelle zu schwären anfing. Das halbe Dienstpersonal machte sich auf die Jagd nach dem verschollenen Hund. Der Arzt war beunruhigt.

Plötzlich stellt sich der Bauer ein, seinen ganz gesunden Hund am Strick und erklärte, sein Köter beiße alle Bettler, für den das Tier den gnädigen Herrn mit dem großen Bart und in wunderlichem Rock und Hut - Tirolerhut und Paleton - wohl gehalten habe. Wäre die Angelegenheit nicht so ernst gewesen - alle wären wohl in helles Lachen ausgebrochen...

War die Nachricht vom Tod Heinrich Straubes am 30. Dezember 1847 auch zu Annette von Droste-Hülshoff gedrungen? Und hatte er umgekehrt vielleicht eines ihrer Gedichte zu Gesicht bekommen? Vielleicht sogar etwas von der „Judenbuche" gehört? Es war nicht auszuschließen, aber auch nicht wahrscheinlich. Schließlich hatte es der einst geliebte Freund 1841 zum Regierungsrat der Oberbaudirektion und 1842 zum Oberappellationsgerichtsrat gebracht. In einem solchen realen und ungeschminkten Leben war der Platz für ein Gedicht recht schmal. Aus Annettes Leben war er nie wegzudenken gewesen. Und umgekehrt? Ob er die Locke noch besaß, die sie im einst in einem verschlossenen Kuvert zum Geschenk gemacht hatte? Mit der Liebe zu ihm war die größte Demütigung ihres Lebens verbunden gewesen. Und diese Liebe hatte sich trotz der stechenden Dornen in ihrer Seele zu einer sich verzehrenden duftenden Rose entfaltet. Nun aber war sie mit dem Tod Straubes verblüht.

Sophie von Haxthausen schrieb zum Tode Straubes an ihren Bruder August: „Der gute Straube! Es tut mir doch so leid, dass wir ihn so wenig sahen." Ja, die Locke war noch da. Johanna Regenbogen hatte sie in seinem Nachlass gefunden...

Die letzten Jahre

Auf der Wies' ein Weilchen weilet,
Blumen, übermaßen schön,
Schlüsselblumen, Veilchen, eilet,
Helft das Liebchen mir erstehn.

Bächlein, wie du hell erklingest,
Lade ein das holde Kind,
Dass du zum Gestehn sie zwingest
Rausche Kühlung süß und lind.

Schlüsselblum', schließ auf ihr Herze,
Veilchen, zeig im Liebesschrein,
Wie enthüllet süß dem Schmerze
Sie verbirgt die Liebespein.

Überraschet denn, ihr Sterne,
Blickend aus der Himmelsbrust,
Ihr Geheimnis, das so gerne
Sie in sich allein gewusst:

Wie sie nächtlich nicht versäume
Dass ihr Herz mich wiege ein,
Wenn entschlafen holde Träume
Führten mich zu ihr hinein.

Rüschhaus und Meersburg. Ein Wanderleben war es immer gewesen, unterbrochen von Besuchen am Rhein. Zuletzt wurden die Reisen wegen der angegriffenen Gesundheit schwerer. Bönninghausen kam öfter ins Haus. Und am 24. Mai 1848, im Jahr der bürgerlich-revolutionären Erhebungen, klopfte in Meersburg der Tod an die Tür. Joseph von Laßberg schrieb: „In meinem Hause ist jetzt nichts als Trauer und Tränen! Unsere gute, liebe Nette ist uns plötzlich davongegangen, in das unbekannte Land, aus dem noch kein Reisender zurückgekehrt ist. Es war am 24. Mai. Wir saßen eben am Mittagessen, als Hildegard, die diesen Tag die Aufwartung bei Annette hatte, auf einmal gelaufen kam und sagte: „Annette verlangt nach dem Arzte." Dr. von Liebenau, der eben mit uns zu Tische saß, ging sogleich hinunter; aber, als er vor ihr Bette trat, fand er nurmehr eine Leiche. Ihr Herz war gebrochen, der Blutstrom hatte sich in das Innere ihrer Brust ergossen. Sie starb, wie durch einen Blitzstrahl getötet.

Eine Stunde zuvor hatte sie ihrer Schwester gesagt, dass sie sich so leicht und wohl fühle, dass sie so vergnügt und gerne bei uns sei und hoffe, nun immer bei uns bleiben zu können. Ach! Sie hat nur zu bald Wort gehalten. Sie ist bei uns geblieben; aber kalt und tot, in tiefem Grabe. Die Stadtgemeinde hat uns auf ihrem Friedhof ein stilles, heimliches Plätzchen eingeräumt; da haben wir sie hingelegt und auf den Herbst will ich eine Linde dahin pflanzen, damit sie in ihrem Grabe, wie Walter von der Vogelweide, aus dem grünen Laube die gefiederten Sänger noch vernehmen kann, da wollen auch wir nacheinander bei der geliebten Schwester liegen ...

In einem ihrer Briefe hatte Annette von Droste-Hülshoff geschrieben: „In hundert Jahren möchte ich gelesen werden." Und wie ein Vermächtnis heißt es in einem Gedicht:

Meine Lieder werden leben,
Wenn ich längst entschwand
Mancher wird vor ihnen beben,
Der gleich mir empfand.
Ob ein andrer sie gegeben
oder meine Hand:
Sieh, die Lieder durften leben,
Aber ich entschwand.

Auszug aus der Familienchronik von Haxthausen:

„Neue Deutsche Biografie", Band 8, 1969

Großvater: Werner Adolf (1744-1822) auf Abbenburg. Paderbornischer Drost von Lichtenau. Kurpfälzischer Kammerherr. Er war in erster Ehe mit Marianne von Westphalen verheiratet und hatte mit ihr eine Tochter, nämlich Therese (1772-1853), später die Mutter von Jenny und Annette von Droste Hülshoff. (Ganzer Name: Anna Elisabeth Franzisca Adolphina Wilhelmina Ludovica Freiin von Droste zu Hülshoff) **Großmutter**: Maria Anna (1755-1829) hatte bedeutenden Einfluss auf Annette von Droste-Hülshoff

14 Geschwister, davon

Werner Moritz Maria (1780-1842), Verwaltungsjurist, Sammler neugriechischer Volkslieder, Bekanntschaft mit den Brüdern Grimm aus der Studienzeit in Göttingen, verheiratet mit Elisabeth Freiin von Harff.

August Franz Ludwig Maria (1792-1866), Volksliedsammler, Agrarhistoriker, Bökendorf bei Brakel

Friedrich (1776-1845), Domherr in Hildesheim und Corvey, Sammler von Märchen und Volksliedern, befreundet mit den Brüdern Grimm

Ferdinande (1781-1851), seit 1805 verheiratet mit Engelbert Freiherr Heereman von Zuydtwyk

Sophie (1787-1862), Stiftsdame in Geseke

Ludowine (1794-1872), Stiftsdame in Neuenheerse

Anna (1800-1877), seit 1830 verheiratet mit August von Arnswaldt

Nichten:

Jenny (1795-1859) von Droste-Hülshoff

Annette (1797-1848) von Droste-Hülshoff

Glossar:

Armin, Achim von (1781-1831) deutscher Schriftsteller, neben Clemens Brentano und Joseph von Eichendorff wichtigster Vertreter der Heidelberger Romantik

Arndt, Ernst Moritz (1769-1860), nationalistischer, demokratischer Schriftsteller, Abgeordneter der Frankfurter Nationalversammlung, Friedenskämpfer gegen Napoleon

Arnswaldt, August von (1798-1855) Jurist, Freundschaft mit Wilhelm Grimm bis zu dessen Tod

Beneke, Friedrich Eduard (1798-1854) deutscher Philosoph, Psychologe

Bönninghausen, Clemens Maria (1785-1864) Homöopath, Botaniker, höherer preußischer Verwaltungsbeamter

Bürger, Gottfried August (1747-1794), Dichter in der Zeit der Aufklärung, bekannt durch Balladen (Leonore) und die Abenteuer des Freiherrn von Münchhausen

Brentano, Clemens Wenzeslaus Brentano de La Roche (1778-1842) war ein deutscher Schriftsteller, neben Achim von Arnim der Hauptvertreter der sogenannten Heidelberger Romantik.

Campe, Julius (1792-1867) Spross aus der bekannten Verlegerfamilie, übernahm 1823 den Verlag Hoffmann und Campe

Christiani, Rudolf (1798-1858), Sohn eines Superintendenten, in Kopenhagen geboren, in Lüneburg aufgewachsen, Jurist und Literaturliebhaber, zeitlebens ein guter Freund Heinrich Heines

Dörnberg, Caspar Ferdinand Freiherr von (1768-1850) war ein hannoverscher Generalleutnant. Er wurde durch seinen Aufstandsversuch gegen Jerôme Bonaparte (1784-1860) bekannt.

Fürstenberg, Friedrich Wilhelm von (1729-1810), Freiherr, Politiker, der wichtigste Staatsmann im Hochstift Münster

Gallitzin, Amalie, Fürstin von (1748-1806), geb. Fürstin von Schmettlau, Konvertitin, lebte zwischen Aufklärung und Katholizismus und war eine Mitbegründerin des „romantischen" Katholizismus. Als Salonniere war sie an der katholischen Aufklärung im Hochstift Münster beteiligt. Sie stand mit prominenten Zeitgenossen im Briefverkehr, darunter Johann Gottfried von Herder (1744-1803), Johann Caspar Lavater (1741-1801), Heinrich Heine (1797-1856), Johann Georg Jacobi (1740-1814), Caroline Michaelis, verwitwete Böhmer, geschiedene Caroline Schlegel (1763-1809) verheiratete Caroline Schelling. Goethe (1749-1832) stattete der Fürstin einen Besuch ab.

Goethe, ab 1782 von Goethe Johann Wolfgang (1749-1832) war ein deutscher berühmter Dichter und Naturforscher Er gilt als einer der bedeutendsten Schöpfer deutschsprachiger Dichtung.

Grimm, Jacob (1785-1863) Jurist, Sprach- und Literaturwissenschaftlicher, Begründer der deutschen Philologie und Altertumswissenschaft, Märchensammler

Grimm, Wilhelm (1786-1859) Sprach- und Literaturwissenschaftler, Märchensammler

Grimm, Ludwig Emil 1790-1863) Maler. Radierer, Kupferstecher

Götze, Paul (1761-1835) Sohn eines Clarinettisten von dem Weimarischen Infanterie Regiment. Der Vater hatte die Mutter mit den Kindern im Stich gelassen, als Götze bei Goethe Anstellung fand. Goethe nahm Götze auf seine Reisen mit und lernte den Jungen als Schreiber an. Ab 1794 betraute Goethe Götze mit der Planung von herzoglichen Bauvorhaben. Götze wurde Baukondukteur bei der Wegebau-kommission, baute mit am Botanischen Garten in Jena betätigte sich als Geldbeschaffer für das Bergwerk in Ilmenau, regulierte die Saale mit und stieg dank seiner Intelligenz zum Großherzoglichen Wegebau-Inspektor auf. Dekoriert mit der Silbernen Verdienstmedaille starb Götze verwitwet und kinderlos.

Hauff, Hermann (1800-1865) deutscher Schriftsteller, Redakteur, Übersetzer

Haxthausen, Marianne Anna, geb. von Wendt - Papenhausen (1755-1829), Stief-Großmutter von Jenny und Annette von Droste-Hülshoff

Haxthausen, Carl August Maria Freiherr von (1779-1864) Domherr in Corvey und Hildesheim

Haxthausen, Ferdinande von (1781-1851), heiratete 1805 Engelbert Heeremann von Zuydtwyck, 1810 Witwe, lebte seit 1815 in Köln, Kassel, Bökendorf, dann auf ihrer Burg in Herstelle, wo sie die Freundschaft mit den Brüdern Grimm aufrecht erhielt. Tochter Amalie pflegte freundschaftliche Beziehungen zu Ludwig Emil Grimm.

Haxthausen, Sofie von (1788-1862) Stiftsdame in Neuenheerse, starb in Bökendorf

Haxthausen, Franziska von (1793-1879) verh. mit Hermann Werner von Bocholtz-Asseburg (1770-1849)

Haxthausen, Anna von (1801-1877) Stief-Tante der vier Jahre jüngeren Annette von Droste-Hülshoff, heiratete 1830 den Legationsrat August von Arnswaldt (1798-1855)

Haxthausen, Ludowine von (1795 - 1872) Stiftsdame in Geseke, Gründerin der „Brede" in Brakel

Haxthausen, Werner-Adolf von (1744-1823) fürstbischöflich-paderbornischer Drost im Amt Lichtenau. Gerichtsherr in Abbenburg/Bökendorf

Haxthausen, Werner Moritz Maria Graf von (1780-1842), war ein deutscher Staatsbeamter, Gutsbesitzer und Philologe. Der ältere Bruder von August von Haxthausen war ein Stief-Onkel der Dichterin Annette von Droste-Hülshoff.

Haxthausen, August Franz Ludwig Maria von (1792-1866) war ein deutscher Agrarwissenschaftler, Nationalökonom, Jurist, Landwirt und Schriftsteller sowie Volksliedsammler

Hegel, Georg Wilhelm Friedrich (1770-1831) ein deutscher Philosoph, wichtigster Vertreter des deutschen Idealismus

Heine, Heinrich (1797-1856) Schriftsteller und Journalist, Essayist, Satiriker, einer der bedeutendsten deutschen Dichter, einer der letzten Vertreter und Überwinder der Romantik

Hemsterhuys, Frans (1721-1790) holländischer Universalgelehrter, Staatsrat, Kunstsammler, Schriftsteller

Heyse, Paul (1830-1914) ab 1910 von Heyse, deutscher Schriftsteller, Dramatiker und Übersetzer. Neben vielen Gedichten schuf Heyse rund 180 Novellen, acht Romane und 68 Dramen.

Hoffmann, Ernst, Theodor, Amadeus (1776-1822), deutscher Schriftsteller der Romantik, Jurist, Komponist, Kapellmeister, Musikkritiker, Zeichner, Karikaturist

Hornthal, Johann Peter von (1794-1864) Jurist, Politiker, Dichter

Hufeland, Christoph Wilhelm (1762-1836) vielfach tätiger Arzt, der sich um die Armenfürsorge kümmerte, Kliniken für Kranke gründete, die Pockenschutzimpfung einführte, die Tuberkulose bekämpfte.

Jacobi, Friedrich Heinrich (1743-1819) deutscher Philosoph, Wirtschaftsreformer, Kaufmann, Schriftsteller

Jordan, Sylvester (1792-1861) Jurist, liberaler Politiker

Jungmann, Wilhelm (1811-1886) Schwager von Schlüter

Kappen, Hermann Josef (1818-1901) Pfarrer, Stadtdechant von St. Lamberti Münster und späterer Päpstlicher Hausprälat

Katerkamp, Johann Theodor 1764-1834) Domkapitular, Professor an der theologischen Fakultät Münster, Hauslehrer bei der Fürstin. Veröffentlichte „Denkwürdigkeiten aus dem Leben der Fürstin Amalie von Gallitzin".

Kerner, Julius (1786-1862) Dichter, medizinischer Schriftsteller, Arzt

Kistemaker, Johann Hyazinth (1754-1834) Theologe, Pädagoge, verfasste zahlreiche Lehrbücher für antike Sprachen

Klopstock. Friedrich Gottlieb (1724-1803) Dichter, wichtigster Vertreter der Empfindsamkeit. Befürworter der Französischen Revolution

Körner, Theodor (1791-1813), Dichter, Freiheitskämpfer, Angehöriger des Lützowschen Freikorps in den Befreiungskriegen

Laßberg, Joseph Maria Freiherr von (1770-1855) aus einem alten österreichischen

Adelsfamilie stammend, war ein Forstmann, Literat und Schriftsteller und unterhielt eine überaus große Bibliothek, die Levin Schücking zeitweise verwaltete. Er heiratete in zweiter Ehe Jenny von Droste-Hülshoff, mit der er zwei Töchter hatte.

Lippe zur, Pauline Christine Wilhelmine, geborene Prinzessin von Anhalt Bernburg (1769-1820) war von 1802 bis 1820 Regentin des deutschen Fürstentums Lippe und galt als engagierte Sozialreformerin

Merckel, Friedrich Theodor, seit 1828 „von" (1775-1846) königlich preußischer Oberpräsident der Provinz Schlesien

Mertens-Schaafhausen, Sybille (1797-1857), genannt die „Rheingräfin", eine urwüchsige, humorvolle und gebildete Frau, die großes Interesse an antiker Kunst bewies und mit Annette von Droste-Hülshoff literarische und philosophische Gespräche führte. Unter den Bonner Professoren lernte die Droste August Wilhelm Schlegel kennen.

O Connell, Daniel (1775-1847) irischer Politiker, sein Beiname hieß „The Liberator", der Befreier. Er setzte sich vor allem für die Gleichberechtigung der katholischen Bevölkerung und die Aufhebung der Union zwischen Irland und Großbritannien ein. Er war einer der ersten katholischen Anwälte Irlands, die praktizieren durften.

Opitz, Martin (1597-1639) Begründer der Schlesischen Dichterschule, Dichter, bedeutender Theoretiker des Barock und des Späthumanismus.

Overberg, Bernhard Heinrich (1754-1826), kath. Theologe und Pädagoge. Seinen Erziehungsmethoden folgten Annette von Droste-Hülshoff und ihre Geschwister, Seelsorger der Fürstin Gallitzin. Ehrenmitglied des Domkapitels.

Regenbogen, Johanna, Marie (1799-1872) Tochter des kurfürstlichen Mundschenks, Frau von Heinrich Straube

Schlegel, August Wilhelm, später „von" (1767-1845) Literaturkritiker, Historiker, Übersetzer, Altphilologe, prägte die „romantische Schule", übersetzte Shakespeare

Schlüter, Christoph Bernhard (1801-1884) Sohn des Stadtrichters von Warendorf. Im Alter von acht Jahren brachte der Junge beim Hantieren mit Kalk und Wasser eine

Flasche zur Explosion, wodurch seine Augen stark angegriffen wurden und er mit 27 Jahren völlig erblindete. Schlüter studierte Philosophie und Philologie an der Universität Göttingen, heiratete und lehrte als Professor für Philosophie an der Akademie zu Münster. Sein Hauptwerk bilden Arbeiten zum Verhältnis von Glauben und Theologie in der katholischen Tradition. Er entdeckte und förderte später das schriftstellerische Talent der Droste und war auch mit der Lyrikerin Luise Hensel (1798-1876) befreundet, deren Gedichte und Briefe er publizierte.

Schoof, Wilhelm, Dr.: (1876-1975) war ein deutscher Germanist und Oberstudiendirektor in Bad Hersfeld. Er gab die Heimatzeitschrift „Hessenland" heraus. War Ehrendoktor der Universität Marburg und verdiente sich um den Briefwechsel der Brüder Grimm, so der Freundesbriefe der Familie von Haxthausen an die Brüder Grimm.

Schoof, Wilhelm Dr.: „Beziehungen der Brüder Grimm zu Bökendorf und Höxter", Heimatbeilage „Dreizehnlinden" Nr. 167 vom 20. August 1938

Schopenhauer, Luise Adelaide Lavinia, bekannt als Adele Schopenhauer (1797-1849) war eine deutsche Schriftstellerin, Schwester des Philosophen Arthur Schopenhauer (1788-1860) und Tochter der Schriftstellerin Johanna Schopenhauer (1766-1838).

Schücking, Katharina Sybilla (1791-1831) geb. Katharina Busch, war eine westfälische Dichterin, ältestes von zwölf Kindern. Bekanntschaft mit dem Kreis der Fürstin Amalie von Gallitzin. 1813 Heirat mit dem Juristen Paulus Modestus Schücking. Sechs Kinder, darunter Christoph Bernhard Levin (1814-1883). 1815 Umzug nach Sögel bei Meppen. Literarische Isolation. 1831 Tod.

Schumann, Klara (1819-1896) Pianistin, Komponistin, Klavierprofessorin

Schumann Robert (1810-1856) Komponist, Musikkritiker, Dirigent, bedeutender Vertreter der Romantik

Schwab, Gustav (1792-1850) Pfarrer, Gymnasialprofessor, Schriftsteller, Schwäbische Dichterschule

Stolberg, Friedrich Leopold, Graf, (1750-1819), Jurist, Dichter, bekannt durch Homer-

und Ossian-Übersetzungen. Er schrieb Oden, Balladen, Satiren, Reisebeschreibungen und Dramen, darunter eine 15-bändige Geschichte der Religion Christi. Mit Goethe bereiste er die Schweiz.

Sprickmann, Anton Matthias (1749-1833) deutscher Schriftsteller, Professor für Jura und Geschichte u.a. in Münster, Freimaurer, Freund Goethes und Gebhard Leberechts von Blücher (1742-1819). Freund und Förderer von Annette von Droste Hülshoff

Storm, Theodor (1817-1888) deutscher Dichter, Schriftsteller, vor allem wegen seiner Balladen bekannt. Bedeutender Vertreter des bürgerlichen Realismus

Straube, Heinrich (1794-1847) Studienfreund Heinrich Heines und August vom Haxthausens, inniges Verhältnis zu Annette von Droste-Hülshoff, Jurist, Politiker

Twickel, Carl von (1793-1867), preußischer Gutsbesitzer, Landrat im Kreis Warendorf

Uhland, Ludwig (787-1862) Dichter, Literaturwissenschaftler, Jurist, Politiker, Abgeordneter

Viehmann, Dorothea, geb. Katharina Dorothea Pierson (1755-1815) war eine der wichtigsten Bezugspersonen für die Märchensammlungen der Brüder Grimm. Sie veröffentlichten ihre Erzählungen vor allem im zweiten Band ihrer „Kinder- und Hausmärchen" (KHM).

Vischering, Franz Otto von Droste (1771-1826) kath. Theologe, Publizist, Domherr in Hildesheim

Vischering, Caspar Maximilian von Droste (1770-1846), Bischof von Münster

Vischering, Clemens August von Droste (1773-1845), ab 1835 Erzbischof von Köln

Literatur:

Akademie 55plus Kassel e.V. Annette von Droste-Hülshoff III - Wolfgang Schwarz

Brakeler Schriftreihe Heft 1 (August 1985) Die Brüder Grimm und ihre Beziehung zum Brakeler Raum. Von Ulrich Ernst, Detmold

Folkerts, Liselotte: „Goethe in Westfalen - Keine Liebe auf den ersten Blick". LITVerlag, Berlin - Münster 2010

Gemmer, Monika: „Heinrich Straube" - Wikipedia

Gemmer, Monika: Annette von Droste-Hülshoff: „300 Auszüge aus Briefen"

Gemmer, Monika: Multimedia-eBook. Annette von Droste-Hülshoff im Paderborner Land.

Grywatsch, Jochen: „Zeittafel zu Leben und Werk". In: Annette von Droste-Hülshoff. Handbuch. Hg. Von Cornelia Blasberg und Jochen Grywatsch. Berlin und Boston „Heimatbuch des Kreises Höxter 1925", darin: „Prof. Dr. Eduard Arens: Droste-Erinnerungen im Kreis Höxter"

Ferner: **Annette von Droste-Hülshoff**: Das Schützenfest in Bellersen und Bökendorf aus „Bilder aus Westfalen"

Ferner: **Schumacher, Georg**: „Zur Entstehungsgeschichte von Grimms Märchen"

Ferner: **Hock + Pfarrer, Fürstenau:** „Eine Kriminalgeschichte aus dem Jahre 1812" „Haus Plettendorf (Ammenhaus)" - Wikipedia

Jahrbuch Westfalen 1997, darin: **Walter Gödden:** „Mit Annette durchs Biedermeier Kutsche, Dampfschiff, Eisenbahn - die Droste unterwegs". Verlag Aschendorff, Münster

Kotzebue & Sand, Wikipedia

Maye, Brian: „The Colleen Bawn - Tagebuch eines Iren über das tragische Schicksal von Ellen Hanley". Mai 2019, Wikipedia

Moritz, Karl Philipp: „Droste-Hülshoff, - „Die Judenbuche. Sittengemälde und Kriminalnovelle", Verlag Schöningh, 1980

Multhaupt, Hermann: „Von der Weser nach Cat Spring - Zwei Auswandererfamilien in Texas". Verlag Jörg Mitzkat, Holzminden, 2014

Schulte-Kemminghausen, Karl: Heinrich Straube, Münster 1958

Schneider, Reinhold (Hg): „Annette von Droste-Hülshoff: „Das Geistliche Jahr" und „Religiöse Dichtungen" und „Epen/Balladen", Liechtenstein Verlag, Vaduz, Zum 100. Todestag der Dichterin, 1948

Sternberg, Wilhelm von: „Ja, ich habe es gethan, so müssen alle Verräter sterben".

Weber, Rosemarie: „Westfälisches Volkstum im Leben und Werk der Dichterin Annette von Droste-Hülshoff". Verlag Aschendorff, Münster, 1966

Hermann Multhaupt

Bernhard II. zur Lippe
Die „Blaue Dame" zu Schwarzenraben

Zwei historische Erzählungen zu Lippstadt

Hermann Multhaupt machte nach dem Abitur zunächst eine journalistische Ausbildung, war dann leitender Redakteur bei verschiedenen Tageszeitungen in Karlsruhe, Mannheim, Offenburg, Ingolstadt, Baden-Baden und später in einem Wirtschaftsverlag tätig. Multhaupt war von 1979 bis zu seinem Ruhestand im Jahr 2000 Chefredakteur der Kirchenzeitung "Der Dom" in Paderborn. Schon frühzeitig begann seine Liebe zum Theater, weshalb er auch als Kritiker und Autor von Theaterstücken tätig war und sich damit einen Namen machte.

Hermann Multhaupt schrieb etwa 80 Bücher mit einer Gesamtauflage von über 500000 Exemplaren zu unterschiedlichen Themen, darunter Romane, Gedichte, Tagebücher aus Südamerika und Meditationsbände.

In diesem kleinen Band beschreibt er in zwei historischen Erzählungen die Lebensgeschichte des Lippstädter Stadtgründers Bernhard II. und die sagenumwobene "Blaue Dame" aus Schloss Schwarzenraben.

Spannend zu lesen, nicht nur für Einheimische, sondern auch für alle geschichtsinteressierten Leserinnen und Leser.

Reihe Historisches Lippstadt (Auswahl)